10小時速成！
圖解大學四年
哲 學 課

大学4年間の哲学
が10時間でざっと学べる

高菱珞 譯

貫 成人

著

推薦序

國立臺灣大學哲學系教授
苑舉正

　　哲學，是愛智之學。在這一句話中，有三個重點，特別值得所有人關注：首先是愛，然後是智，最後是哲學。

　　愛是人類最自然、最純淨，以及最崇高的情感。當我們愛一個人、一件事、一個物的時候，我們可感受到，這個人、事、物，雖然是我們欲求的對象，但還沒有擁有，卻知道一旦擁有它們，我們會感到愉悅。沒有這一層等待被實現的欲望，我們不會對任何對象發生興趣，更遑論產生愛意了。

　　智是人類在所有物種中，獨有的心靈活動。智的特點，在於它能夠滿足人類超越現實，追求無限的期待。沒有智慧的人，不會覺得超越日常生活限制的必須性，而獨有智慧能夠帶領我們迎向未來，面對現實，反思過往。

　　哲學，是愛戀智慧後所產生的學問。這個學問標示我們如何滿足求知欲的過程，也彰顯我們想要超越限制的期待。因為這個緣故，所以哲學作為愛智之學，不能是一個靜態的物件認定，而是一個動態的思想歷程。其實，每一個人都是天生的哲學家，關鍵就看他如何與智慧談一場畢生的戀愛。

　　我在閱讀本書的過程中，逐漸發現作者以非常用心的方式告訴我們，哲學在我們心靈中存在的意義。作者說，不像其他的學科，可以看科目名稱就知道應用的範圍，哲學卻因為試圖回答一些最全面與最根本的問題，往往讓人不知所云，高深莫測。為了

解決所有哲學初學者必然會面對的困難，作者在本書中，做了三項努力。

第一，本書中介紹了五十多位哲學家，但在介紹這些哲學家思想的過程中，作者不但以最簡單的文字，展現這些哲學家思想的核心之外，還一直不斷地以歷史的細節，脈絡化這些哲學家思想與他們所處的時代的互動關係。對我個人而言，瞭解歷史，確實可以幫助我們從宏觀、系統，以及全面的角度，掌握哲學家在他們所處的時空中，如何發展那充滿震撼力的思想。

其次，本書除了以摘要的方式介紹哲學家之外，還特別以圖表的方式，讓讀者搞懂「關鍵」。這些圖表中的內容，基本上都是對簡介文字的強調，目的在於讓讀者掌握文字裡的要點。當然，我必須承認，想要理解哲學家的思想並不容易，圖表的簡化可能讓讀者面對更多的挑戰，但如果讀者把文字與圖表放在一起來看的話，可以發現作者的用心。

第三，相較於我們平常所看到的哲學書籍而言，本書的觀點是全面的。這本書所包含的哲學家中，固然以西方哲學為主，但不論在歷史脈絡、思想內容、列舉範圍與理念比較上，本書也涵蓋了東方思想、印度思想、阿拉伯思想以及日本哲學。尤其是最後一點，因為作者是日本人的緣故，所以在閱讀的過程中，我的腦海中一直不斷地飄揚一股濃濃的東洋味。這一點，極有可能是本書另外一項的貢獻。

自從明治維新以來，日本的發展進程，處處可見應用西方哲學的痕跡。這原來只是我的感覺，但是在閱讀本書的過程中，我得到了證實。作者以日本的觀點，看待各種哲學思想的同時，不忘了提到這些思想對於日本所產生的影響。作者以極為宏觀的態度強調，日本人思想上的進步的特徵，來自於兼容並蓄、去蕪存

菁，不斷地以外來的哲學理念，追求方方面面的進步。無論是佛法、儒學、理學、心學、現象學、存在主義、後現代主義等等，都在日本的歷史中，發揮融合與創新思想的作用。

在談論日本哲學這一部分，有兩點讓我覺得很有趣。第一，是日本人在吸收外來的哲學思想過程中，出現了自我認同的肯定，積極發展出自己的哲學，並且稱之為國學。日本國學之誕生，說明融合他人思想，創建自己哲學的必然性。第二，本書在介紹日本哲學中，特別列出一章，涉及商人農民的思想。在這一章中，日本哲學中的石門心學，是一種肯定勞動，謀取利益，回饋社會的商道思想。這讓我感到非常驚訝，因為肯定商人經商致富的思想，公認是歐洲現代化的核心，但早在十八世紀，日本就有這種尊重商人的哲學。

最後，我必須說，雖然作者很努力地想要讓讀者輕鬆學哲學，甚至以十小時的時間鼓勵大家學會哲學，但想要在簡短的內容中，掌握一個哲學思想其實並不容易。為此，作者在本書最後詳細地解釋哲學的專有名詞不說，還為本書所列舉的哲學家，提供一段有關他們生平的簡要文字。他的目的很明顯，就是讓讀者藉由閱讀本書，激發求知欲，想要更深入地擁有本書中的哲學家思想，與它們發生一場智慧的戀愛。

我以敬佩的心情，閱讀本書的內容，並將這本能夠輕鬆閱讀，但寓意很深的書推薦給國人。我希望，閱讀它時，讀者在初步掌握作者的介紹之外，能夠主動繼續發覺哲學思想的妙用，以及它在我們心靈深處所投下的震撼。

前言

提到「哲學」，可能會讓人覺得困難，不知道在說些什麼。確實，哲學並不容易解讀。

不過一旦學會了，就會知道沒有任何東西比哲學更有趣、愉快外加有用了。

本書將盡可能以簡易、簡潔的方式解說哲學或思想的真正核心。

也會提出許多日常具體實例，為了讓讀者讀起來有感覺、能認同，在寫法上也花了心思。

書中出現的主要哲學家也是特別嚴選了重要的五十人。

本書原則上以一名哲學家一頁的規模說明他思想的核心，從他的生活或提問開始，整理出每個人想法的核心，讓人一窺究竟。

各章的開頭會說明該章觸及的時代與地區，以及問題的整體樣貌，讓人理解各種哲學是因應怎樣的社會條件而產生。

單數頁，也就是跨頁的右頁全為圖表，用以說明內文出現的專業用語或事件的相關性。

「重點解說」是補充內文、解說事項或專業用語、歷史狀況，抑或加入有趣故事的地方。

各部的開頭有「重要的哲學用詞」，這裡將解說討論哲學時經常使用的基本用詞。雖然看書時不懂內容使用的字句，但只要翻查哲學字典就好了，不過哲學字典裡的解說也會大量使用哲學用詞，解讀起來也很困難，而這個單元就是為了閱讀哲學字典存在的辭典。

　　本書可讓讀者從有興趣的哲學家開始跳著閱讀，也可以從頭開始讀，隨意從任何一頁開始閱讀也沒關係。

　　大學哲學系會有「哲學史」、「概論」、「特別講座」、「研討會」等各種課程。

　　本書從第二章到第十六章皆為「哲學史」。

　　概說哲學基礎或提到各種特殊問題的第十七章至第二十章為「概論」、「特別講座」。

推薦序　苑舉正——3

前言——6

序言
哲學是什麼？

只有
這裡！

1 哲學是怎樣的思考方式？

▶01 你心中的哲學——16

▶02 日常中存在的哲學——18

▶03 即使如此哲學到底是什麼？——20

▶04 哲學是如何誕生、成長的？——22

▶05 世界哲學——24

第 1 部
古代和中世紀哲學

第一部的重要哲學用詞——28

只有
這裡！

2 「哲學」的起源

▶01 古希臘——32

▶02 前蘇格拉底　問森羅萬象的起源——34

▶03 蘇格拉底　對知識的渴望——36

▶04 柏拉圖　每個人的目標「理型」——38

▶05 亞里斯多德　從理型到現實——40

3 中世紀：神學之婢

▶01 中世紀的歐洲與哲學——42

▶02 奧古斯丁　神的意志與人的意志——44

▶03 共相問題　為什麼可以使用普通名詞？ —— 46

▶04 多瑪斯・阿奎納　神的自由和人的自由 —— 48

▶05 奧坎的威廉　捨棄多餘的概念 —— 50

第 2 部
近世和近代哲學

第二部的重要哲學用詞 —— 54

只有
這裡！

4 自我的萌芽

▶01 進入近世　貧困和疫病 —— 58

▶02 笛卡兒　絕對可靠的真理：我思故我在 —— 60

▶03 主觀／客觀圖式　沒有證據就不能說有 —— 62

▶04 心物二元論　心靈與身體的分別 —— 64

▶05 帕斯卡　會思考的蘆葦 —— 66

5 理性的世紀：合理論和經驗論

▶01 史賓諾莎　何謂享受必然 —— 68

▶02 萊布尼茲　噴泉曲線中的宇宙 —— 70

▶03 洛克　所有的知識都來自經驗 —— 72

▶04 休謨　極端懷疑論 —— 74

▶05 盧梭　回歸自然 —— 76

只有
這裡！

6 近代的初始階段：康德

▶01 康德生活的時代 —— 78

▶02 人不可能知曉的事：再想也沒有用 —— 80

▶03 《純粹理性批判》　認識的可能性　可能得知的事 —— 82

▶04 《實踐理性批判》　該做什麼？　理性人格 —— 84

▶05 《判斷力批判》　人想知道什麼？ —— 86

7 近代哲學

▶ 01 近代哲學的演變 —— 88

▶ 02 費希特　做過才知道的事 —— 90

▶ 03 謝林　「自然的」、「自然發生的」 —— 92

▶ 04 黑格爾　消除所有對立的方法 —— 94

▶ 05 叔本華和齊克果　給自我的不安 —— 96

第 3 部
現代哲學

第三部的重要哲學用詞 —— 100

只有
這裡！

8 近代的矛盾

▶ 01 從近代哲學到現代哲學 —— 102

▶ 02 馬克思　人為什麼工作？ —— 104

▶ 03 尼采　忘掉一切 —— 106

▶ 04 佛洛伊德　下意識的支配 —— 108

▶ 05 柏格森　生命衝力 —— 110

9 二十世紀哲學的三大潮流 I

▶ 01 對現象學、存在主義的提問 —— 112

▶ 02 胡塞爾　經驗的構造 —— 114

▶ 03 海德格　自己原來的存在方式 —— 116

▶ 04 沙特　自己存在方式的選擇 —— 118

▶ 05 梅洛龐蒂　知覺現象學 —— 120

10 二十世紀哲學的三大潮流 II

▶ 01 科學和言語 —— 122

▶ 02 卡爾納普　何謂「非科學」？ —— 124

▶ 03 奎因　科學乃實用工具 —— 126

▸04 維根斯坦 「使用」語言是怎麼一回事？ —— 128
▸05 萊爾 哲學的難題起因於詞彙誤用 —— 130

11 二十世紀哲學的三大潮流 III

▸01 法國現代思想 —— 132
▸02 索緒爾 詞彙是一種集合 —— 134
▸03 李維史陀 人類是結構的一環 —— 136
▸04 拉岡 如虛焦點存在的我 —— 138
▸05 羅蘭‧巴特 被符號包圍的存在 —— 140

只有
這裡！

12 創造人類的構造

▸01 傅柯之一 藏於文明的「構造」 —— 142
▸02 傅柯之二 「主體」這個虛構 —— 144
▸03 德希達 解構西洋哲學 —— 146
▸04 德勒茲 掙脫所有桎梏 —— 148
▸05 列維納斯 一切都來自絕對他者的給予 —— 150

13 後現代主義

▸01 李歐塔 後現代主義 —— 152
▸02 女性主義 —— 154
▸03 詹姆斯‧吉布森 環境賦使 —— 156
▸04 複雜系統 秩序的誕生 —— 158
▸05 薩依德 對東方主義的批判 —— 160

第 4 部
東洋哲學

14 東洋的智慧 I

▸01 印度與伊斯蘭 —— 164
▸02 奧義書 和宇宙合一 —— 166

▶ 03 佛陀　離開人生這樣的苦 —— 168
▶ 04 小乘佛教與大乘佛教自用車與公車 —— 170
▶ 05 伊斯蘭　商人共同體的羈絆 —— 172

15 東洋的智慧 II
▶ 01 中國的哲學 —— 174
▶ 02 孔子　共振調和 —— 176
▶ 03 老子、莊子　道家／無為自然 —— 178
▶ 04 諸子百家　思想的饗宴 —— 180
▶ 05 朱子學和陽明學　宇宙和人的原理 —— 182

16 東洋的智慧 III
▶ 01 日本對世界的認識 —— 184
▶ 02 佛教　朝向獨特思想 —— 186
▶ 03 江戶儒學　從嚴肅主義到個人自由 —— 188
▶ 04 國學 —— 190
▶ 05 商人、農民的思想 —— 192

第 5 部
哲學的主題

第五部的重要哲學用詞 —— 196

17 哲學的基本問題 I
▶ 01 整理哲學的主題 —— 198
▶ 02 存在／根據 —— 200
▶ 03 真理 —— 202
▶ 04 自由 —— 204
▶ 05 身體的哲學 —— 206

只有這裡！

18 哲學的基本問題 II

▸01 善與美　倫理的各種學說 —— 208

▸02「為什麼不能殺人？」—— 210

▸03 生命和環境倫理　確認近代倫理理論的基礎 —— 212

▸04 美　亞里斯多德、康德、黑格爾 —— 214

▸05 藝術的成立與空洞化 —— 216

19 日常中的哲學

▸01 觀點主義 —— 218

▸02 民族國家　民族這個身分形成 —— 220

▸03 歷史的哲學 —— 222

▸04 自己 —— 224

▸05 生存的意義 —— 226

只有這裡！

20 西洋哲學史概論與複習

▸01 快速複習西洋哲學史 —— 228

▸02 哲學式思考模式　問題、時代和模式的連動 —— 230

▸03 何謂理解哲學？—— 232

▸04 二十四小時、三百六十五日的哲學 —— 234

▸05 現在、這裡與我的哲學 —— 236

結語 —— 238

主要哲學家的個人檔案 —— 240

譯註 —— 246

序言

10 hours ✓
philosophy

哲學是什麼？

▶ 01

你心中的哲學

　　聽到哲學這二個字，應該會讓人想到很久很久以前，遠方國度人物的思想，說不定還會想到那是充滿困難用字、又厚又難讀懂的書裡才有的東西。

　　但是，其實每個人都會在不意間學會哲學，並靠它來思考、發脾氣或是決定事情。

　　看到犯罪報導或是有人給你帶來麻煩時，應該會想著「做了不好的事情就該道歉或是接受懲罰啊！」也許每個人都正低調的追求「自我」、「個性」、「自我實現」，雖然「真相只有一個」所言不假，但不管是多厲害的偵探，「要制裁他人也是需要證據的」，體育的世界經常可見「以柔克剛」這個說法。

　　這樣的想法，其實就是康德、柏拉圖、笛卡兒、老子等，過去、遙遠國家的哲學家或思想家想出來的。

　　在自己不知道的時候就內化的哲學其實數也數不完，只是它們可能互相矛盾或有錯誤。又或者是已經不符合時代需求，只為自己綁手綁腳。

　　為了弄清楚這點，必須知道每個想法是從哪裡來的，然後整理自己的想法。

　　而哲學的歷史對這件事來說剛好是知識的寶庫。

30 秒搞懂關鍵！

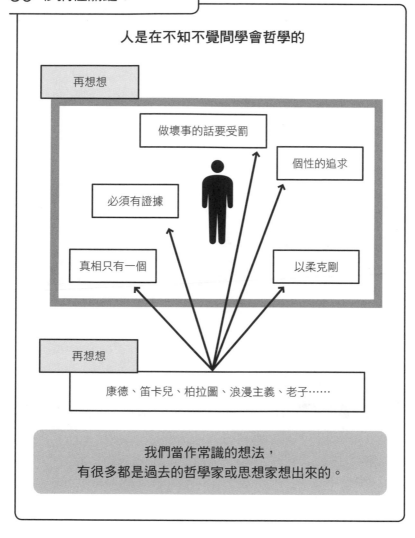

人是在不知不覺間學會哲學的

再想想

做壞事的話要受罰

個性的追求

必須有證據

真相只有一個

以柔克剛

再想想

康德、笛卡兒、柏拉圖、浪漫主義、老子……

我們當作常識的想法，
有很多都是過去的哲學家或思想家想出來的。

重點解說 ▶ 「哲學」是什麼？

「哲學」（philosophy）一詞源自於希臘語的philosophia（φιλοσοφία），
「philo」是愛和欲求之意，「sophia」指的是知識，所以哲學就是「對知
識的愛」。

▶ 02

日常中存在的哲學

　　你是否有過這樣的感覺？平日忙於工作、學業或社團活動等，儘管如此卻還是會突然變得不安或覺得有擔心的事情要發生。這種時候會想著這樣的問題，「到底，我的生命真的有意義嗎？」、「過去是去了哪裡？」、「為什麼不能殺人？」而這樣的疑問也已經是很厲害的哲學提問了。

　　就算不是那麼嚴肅的問題，但只要稍微想想就會發現其實很不可思議，想得更深入一點就會發現已經進入哲學的世界了。

　　舉例來說，平常不看體育轉播的人，一旦有世界盃足球賽或奧運期間，就會變成狂熱粉絲。「因為可以看到太陽旗（日本國旗）啊！」雖然常聽到這些人這樣說，但為什麼看到太陽旗就會改變情緒咧？

　　也有些人明明不打掃房間，卻會在出門前仔細審視身上行頭，打扮成時下流行的模樣才出門。為什麼會這麼在意時尚呢？

　　又或者是以「兇惡犯罪增加」等理由，大肆評論「日本人越來越糟糕」的人也不少。為什麼他們會想說這樣的話？

　　平常不會注意的事，只要想一想就會發現他們其實很不可思議。使用哲學之後，還能看到這些微小事件中潛藏的意外構造。

各個提問與哲學的關係

活著有意義嗎？

時尚？

為什麼不能殺人？

太陽旗？

奧運？

過去是去了哪裡？

「日本人越來越糟糕」

哲學

就算是平常不會注意的日常瑣事，
只要透過哲學來看就會發現意想不到的結構

重點解說 ▶ 日語的「哲學」

「哲學」是從明治時期，由西周[1]以「哲」為智慧、「希」為追求之意創造出「希哲學」開始出現，後來因為「希」被拿掉而變成「哲學」。

▶ 03

即使如此哲學到底是什麼？

　　看看大學的入學考試說明就會知道，其實世界上有著各種各樣的學問。像是法學、經濟學、歷史學、地理學、心理學、天文學、數學、物理學，這各種名詞背後是什麼樣的學問，光看名稱就能猜到一二吧！心理學是研究心理作用、物理學在講物體的法則、經濟學在討論經濟活動……因為每一種都是以各自的研究對象為名，讓人能很快聯想。

　　但哲學可不是這樣，因為「哲」這東西並不存在。

　　古希臘文裡的「philosophia」指的是學問，亞里斯多德全集中研究了物理、心理和歷史。它們各自形成獨立的學問，而無法被獨立的則成為現在的哲學。

　　那到底哪些是未被獨立剩下來的呢？

　　這裡，可以思考看看平日的生活。買東西的話就有經濟活動、繳交消費稅會有和稅金相關的法律、走在路上能知道地形和重力，其他還有照射我們的陽光和自己身體的結構。令人憤怒的是心理現象，就算觀察平日的生活，也能知道自己居住的世界是由各種學問所探討的對象而形成，以及這一切全都與自己這個存在有關。

　　如此一來就會想知道這些學問的整體是如何？而這對自己又有什麼意義？「若要弄清楚在世界這個整體中，自己的所在，這是只有哲學能辦到的。」

30 秒搞懂關鍵！

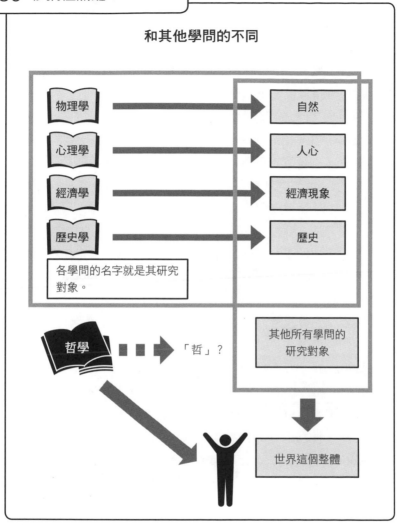

和其他學問的不同

物理學 → 自然

心理學 → 人心

經濟學 → 經濟現象

歷史學 → 歷史

各學問的名字就是其研究對象。

哲學 ┈► 「哲」？

其他所有學問的研究對象

世界這個整體

重點解說 ▸ 掌握整體的發想

世界這個整體說起來很簡單，要實際掌握卻幾乎不可能。為了掌握整體，誕生的各種想法可說就是哲學的歷史。

▶ 04

哲學是如何誕生、成長的？

哲學，是以歐美為主要地區展開的知識性活動。

距今約二千五百年前，也就是西元前四世紀左右，東地中海古雅典（Classical Athens）的希臘城邦（polis）出現了蘇格拉底、柏拉圖、亞里斯多德這些古代希臘哲學巨星。

「哲學」這個詞就是因為這些人而開始使用。

進入由基督教支配的歐洲中世紀（五至十五世紀）時，哲學用思索的方法，理性化宗教認知，成為「神學之婢」。確立基督教教義的奧古斯丁（Augustine of Hippo）、達到中世紀哲學極盛期的多瑪斯·阿奎納（Thomas Aquinas）、奧坎的威廉（William of Ockham）等為其中非常重要的人物。

來到文藝復興時期、進入近世以後，笛卡兒登場，為西洋近世和近代哲學帶來了基礎骨幹。在此之後有著史賓諾莎（Baruch de Spinoza）、萊布尼茲（Gottfried Leibniz）等人的理性主義（Rationalism）和洛克（John Locke）、修謨（David Hume）等人的經驗主義（Empiricism）對立，調停此對立的人為康德。十九世紀時，批判康德的費希特（Johann Gottlieb Fichte）、謝林（Friedrich Wilhelm Joseph von Schelling）、黑格爾等人的德國唯心主義（Deutscher Idealismus）達到近代哲學的巔峰。

進入十九世紀後半，批判黑格爾的齊克果（Søren Kierkegaard）、叔本華（Arthur Schopenhauer），以及顛覆過去哲學的馬克思（Karl Marx）、佛洛伊德和尼采也出現了。

二十世紀時，胡塞爾（Edmund Husserl）等人的現象學（Phenomenology）、維根斯坦等人的分析哲學（Analytic philosophy）[2]、李維史陀（Claude Lévi-Strauss）等人的結構主義（Structuralism）和傅柯（Foucault）等的後結構主義（Post-structuralism）各自精采。

哲學史概觀

前4世紀	古代：蘇格拉底、柏拉圖、亞里斯多德
6～12世紀	中世紀哲學：神學之婢。 奧古斯丁、多瑪斯·阿奎納、奧坎的威廉
14～18世紀	文藝復興時期至近世：笛卡兒 　　　　　↓　　　　　　　↓ 　理性主義　　　　經驗主義 　帕斯卡　　　　　洛克 　史賓諾莎 　萊布尼茲　　　　休謨 　　　　　↓　　　　　　　↓ 　　　　　　　康德
19世紀前半	近代：費希特、謝林、黑格爾
19世紀後半	齊克果、叔本華、馬克思、佛洛伊德、尼采
20世紀	現象學（胡塞爾等）、分析哲學（維根斯坦等）、結構主義（李維史陀等）、後結構主義（傅柯等）

重點解說 ▶ 哲學史的誕生

各種哲學的出現雖源自於當下處境，但哲學史是將各種哲學依時間順序排列，並依其出現順序的互相影響、批判、說服等理論編輯而成，一開始是由亞里斯多德製作。

▶ 05
世界哲學

「哲學」這個詞確實是從歐洲開始出現的,但與此相當的知
識活動在地球上的各處都進行著。

古希臘哲學出現的很久很久以前,波斯的祆教就對基督教產
生了影響。不消多久,印度出現了奧義書(Upanisad)和佛教,
中國則有儒教等諸子百家爭鳴。

日本於七世紀編纂了《古事紀》,從中誕生「神道」思想。
飛鳥時代傳進日本的佛教成為國家的支柱,進入鎌倉時代後,日
本以大乘佛教為基礎,衍生出獨有的鎌倉新佛教。江戶幕府採用
了朱子學,這也刺激了日本獨有的思想。

近代之後的歐洲人經常強調自己與古希臘之間的延續性,但
古希臘人與「蠻族」日耳曼人的子孫,也就是歐洲人,並無任何
關係。

古希臘最具代表性的哲學家亞里斯多德,其手稿一開始也是
由伊斯蘭世界所繼承,在歐洲被正式介紹已是十二世紀的事。朱
子學是為了與以嚴密體系自豪的佛教對抗而生,但佛教和朱子學
對十七世紀的歐洲來說都是一大威脅。

十九世紀後,因為歐美霸權拓展至全世界,西洋「哲學」遂
成為世界標準,但在去殖民化持續進展的二十世紀後半,尊重各
地固有文化的「世界哲學」就成了必要課題。

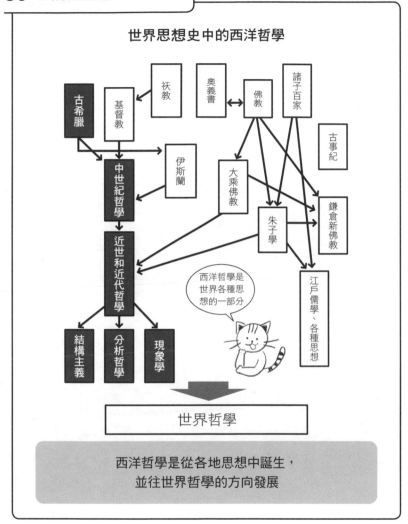

世界思想史中的西洋哲學

西洋哲學是從各地思想中誕生，並往世界哲學的方向發展

重點解說 ▶ 尼采《查拉圖斯特拉如是說》

祆教（Zoroastrianism，瑣羅亞斯德教）的德語發音為查拉圖斯特拉，這也是尼采主要著作《查拉圖斯特拉如是說》的主角。尼采為了顛覆基督教，利用了更古老的預言家。

第 1 部

10 hours ☑

philosophy

古代和中世紀
哲學

第一部的
重要哲學用詞

「存在」

「有未知的行星」可說成「存在未知的行星」，所以「有」某樣東西就是「存在」。是「沒有」和「無」的相反；與流動的狀態相反，是不會動的、固定的狀態。與基督教的神重疊後，被理解為「所有存在的人」（「存在者」）的原點。

「智者」

因為古雅典具有民主制度系統，所以也有人是以教導他人說服的技術（「修辭學」）[1]等獲得報酬。這些人被稱為智者（Sophist），比如提出「人是萬物的尺度」普羅塔格拉斯（Protagoras）。

「普遍的」

符合何時、何處、不論對象與事物都一樣的條件，「三角形有三個頂點」就是普遍的，普遍的定義和本質就叫做「普遍」。

「本質」

日語的「本質」指的是某樣東西的核心或奧義，但哲學不一樣。直角三角形、正三角形、倒立的三角形、畫在紙上的三角形、電腦螢幕上的三角形等，雖然三角形的樣子無限多，但「擁有三個頂點的圖形」都是三角形的特性，沒有這個特徵的就不是三角形，這種特性在哲學中就稱為「本質」。

「附帶性」

三角形有正三角形、畫在紙上的三角形、紅色三角形等樣子，而「三邊等長」、「畫在紙上」、「紅色的」這些特定三角形剛好具有的特性就稱為「附帶性」，這是某樣事物本質以外的特性。

「理性」

日語的「理性」意思是如「酒喝太多就會喪失理性」這種自我控制的能力，但在古希臘，包覆宇宙和人世間整體的原理（法則），或者知曉這些的能力、表現這些的言語就是理性的意思。近代之後，則是被當成人類的最高知性能力，相對於知性與個體直接相關，遵從知性、統括理論、數學、自然、道德等各種規則並調整的能力就是理性。

「概念」

八犬、布魯托、史奴比等都屬於相同的概念，這個概念日語叫做「狗」、英語叫做「dog」、法語叫做「chien」。是「哺乳動物」，再更擴大概念圈（上位概念）[2]就是「嗅覺敏銳，自古以來被當作人類的朋友」，加上與大象、獅子等其他物種的差異，就可以定義狗的概念。

「決定論」

否定自由意志的議論，例如宇宙間發生的所有事、人類的所有行為、想法皆是全知全能的神所決定的「神學決定論」，包含人腦作用在內，所有事情都是遵循自然法則，並由自然法則所決定的「物理學決定論」。

「觀念」

聽到某個字之後腦中浮現的就是那個東西的「概念」，聽到「東京車站」後浮現紅磚建築物的模樣、路線圖、「東京車站」四個字或記號等，這些都是觀念。

「知覺」

透過視覺、聽覺、觸覺、味覺和嗅覺等感覺，我們能夠看見、聽見東西。舉例來說，突然感覺背部劇烈疼痛時，不知道是被蜂螫了還是有人在惡作劇，這種不一定能連結到痛覺這個感覺發生的原因，就會從知覺判斷對象。

「基督教」

信仰耶穌基督為人類救贖的宗教，以《舊約聖經》、《新約聖經》為宗教經典。身為天地支配者的神創造了亞當和夏娃，他們因為吃下了神唯一禁止的智慧果實，背負了對神來說的第一條罪（「原罪」），被趕出樂園。原罪擴及了二人的子孫，也就是所有人類，只有耶穌可能拯救這件事，這就是基督教的教義。

「經院哲學」（scholasticism）

拉丁語的 schola 和英語的 school 字根相同，經院哲學是中世紀修道院、教會與其附屬學校等進行的理論研究。《聖經》等記述中的各種問題，透過理性討論解決，是解決各記述間矛盾的哲學研究。

▶ 01
古希臘

　　西元前五世紀之前的東地中海地區由埃及、美索不達米亞、波斯等先進文明相互消長，產生具多樣性的宗教和神話，是文化的大熔爐。而位於此地區的邊境，發展較晚的是希臘。

　　希臘地區並未誕生統一國家，由古雅典、科林斯（Corinth）、斯巴達、底比斯（Thebai）等小型城邦持續林立狀態。率領希臘城邦聯盟贏得波希戰爭（Greco-Persian Wars）的古雅典，因為兵力中心的平民發言力提升，產生透過辯論決定政策的直接民主制系統。於是，受雇教導修辭學的外國教師「智者」（Sophist）開始活躍。

　　古雅典輸掉與斯巴達間的伯羅奔尼撒戰爭（Peloponnesian War）後，一時之間，期待少數人掌握政治的三十暴君（Thirty Tyrants）誕生，值此時期，反智者的蘇格拉底及其學生柏拉圖，還有柏拉圖的學生亞里斯多德登場。

　　不久後崛起的北方新興國家馬其頓（Macedonia），於喀羅尼亞戰役（Battle of Chaeronea）大敗希臘，開創了世界帝國。此時為希臘化時代（Hellenism），出身馬其頓的亞里斯多德也是亞歷山大大帝的家庭教師。

　　蘇格拉底和柏拉圖雖不隱藏對城邦的熱愛，但在城邦地位與力量皆低落的希臘化時代，主流是否定對特定團體的歸屬感，以身為世界公民自豪的世界主義（Cosmopolitanism）。

30 秒搞懂關鍵！

西元前的東地中海地區和歷史

前6世紀	泰利斯（米利都的泰利斯）[1]、赫拉克利特[2]等，小亞細亞等。
前499年	波希戰爭
前469年左右	蘇格拉底出生（至前399年，享年70歲）
前431～前404年	伯羅奔尼撒戰爭
前427年	柏拉圖出生（至前347年，享年80歲）
前404～前401年	三十暴君
前399年	蘇格拉底的申辯
前384年	亞里斯多德出生（至前322年，享年62歲）
前338年	喀羅尼亞戰役

當時的希臘並非統一的國家，而是城邦林立。

重點解說 ▶ 其實是奴隸社會的古雅典

雖然大家都說古雅典是民主主義的發源地，但事實上，那是個市民二萬人、奴隸六萬人的奴隸社會，後來的羅馬也是一樣。

▶ 02

前蘇格拉底
問森羅萬象的起源

　　天地萬物是從什麼變成的？萬物根源又是什麼？現在就算是小朋友，也都能回答出宇宙或物體的構成要素是分子或原子。但是，這在當時是沒有人知道的事。

　　《古事紀》裡的伊邪那岐和伊邪那美就是攪拌了海水後，用四散的水滴創造出日本列島。古文化地區巴比倫尼亞等地，也有世界起源於水這樣的神話。

　　西元前六世紀，泰利斯主張「水」乃萬物的起源。然而除了水以外的火、土、風是從哪裡來的就不清楚了，於是阿那克西曼德（Anaximander）³提出可以成為地水火風，所謂的「四元素」，如同iPS細胞那樣的「無定型」（apeiron）元素；畢達哥拉斯（Pythagoras）提出不論是否變化都會產生的「數」；德謨克利特（Democritus）⁴提出「無法再分割」的最小單位為「原子」。此外，主張萬物會不斷變化（「萬物流轉」）的赫拉克利特，以及與此相反，否定運動及變化，以不動的「存在」為根源原理的巴門尼德（Parmenides）⁵等，還有其他重視整體存在的學者。「阿基里斯追烏龜」這樣的芝諾悖論，就是為了支持巴門尼德主張而產生的議論。

　　不論何者，萬物皆是自行成為「現在的模樣」（然），也就是能將之思考為「自然」，而人類也被包含其中。

　　順帶一提，現代物理學的基礎「原子」的發想是由德謨克利特所提出。

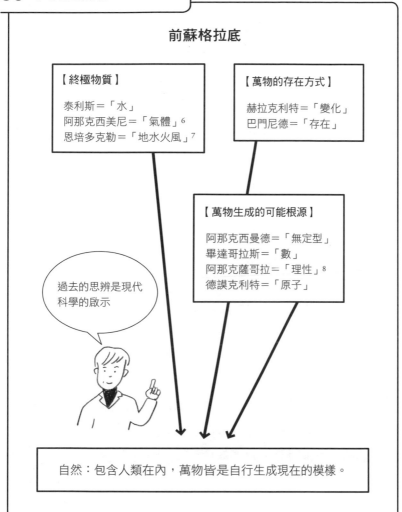

前蘇格拉底

【終極物質】

泰利斯＝「水」
阿那克西美尼＝「氣體」[6]
恩培多克勒＝「地水火風」[7]

【萬物的存在方式】

赫拉克利特＝「變化」
巴門尼德＝「存在」

【萬物生成的可能根源】

阿那克西曼德＝「無定型」
畢達哥拉斯＝「數」
阿那克薩哥拉＝「理性」[8]
德謨克利特＝「原子」

過去的思辨是現代科學的啟示

自然：包含人類在內，萬物皆是自行生成現在的模樣。

重點解說 ▶ 芝諾悖論

芝諾的「阿基里斯追烏龜」是說，即便阿基里斯到達烏龜現處所在，烏龜也已經往前走了，所以阿基里斯永遠都追不上烏龜。

▶ 03

蘇格拉底
對知識的渴望

如果外國人問你「『侘寂』（wabi-sabi）⁹是什麼？」你要怎麼回答？也許你會先提出「侘寂」的典型例子「龍安寺」或「芭蕉」¹⁰、「樂茶碗」等，但是可能會被再次提問「為什麼這些是『侘寂』？『侘寂』最一開始指的是什麼？」就算你加上了「已經枯朽的、陳舊的東西就是『侘寂』」這樣的條件，但也不是所有已經枯朽的、陳舊的東西都能表現出「侘寂」的意思。要不過不失的說明、定義「侘寂」是困難的，只會讓人覺得隔靴搔癢，抓不到癢處。

而蘇格拉底做的，就是掀起古雅典市民的隔靴搔癢感。他在路上隨機抓住路人詢問「勇氣是什麼？」、「你知道○○究竟是什麼嗎？」，如果加上了「知道」，對方可能會回答「自己相信是正確的答案」。但是，這就像丟木屐問天氣得到「明天是晴天」的答案，就算猜對了，也無法說是「知道明天的天氣」。這時，被蘇格拉底提出如此反論的路人就會有種心癢癢的感覺。

經過這一番討論，對方就會注意到自己其實是無知的，是假裝自己知道（「無知之知」）。注意到這一點後，就會想知道真正的答案。這就是對知識的渴望，或「對知識的愛」，也就是「哲學」。追求知識和鍛鍊身體很像，是在鍛鍊你的靈魂（「對靈魂的照顧」）。

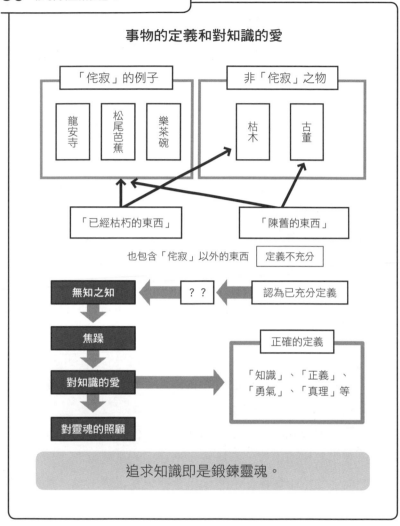

事物的定義和對知識的愛

「侘寂」的例子：龍安寺、松尾芭蕉、樂茶碗

非「侘寂」之物：枯木、古董

「已經枯朽的東西」

「陳舊的東西」

也包含「侘寂」以外的東西　定義不充分

無知之知 ← ？？ ← 認為已充分定義

焦躁

對知識的愛 → 正確的定義：「知識」、「正義」、「勇氣」、「真理」等

對靈魂的照顧

追求知識即是鍛鍊靈魂。

重點解說 ▶ 蘇格拉底的動機

蘇格拉底會進行此種活動的契機來自某神殿的神諭，人類沒有神那樣的智慧，是無知的，但是知道這件事後，擁有對知識的愛將讓人類與動物不同。

▶ 04

柏拉圖
每個人的目標「理型」

　　運動社團裡有想練習的人，也有想偷懶的人。對隊長來說，這就是辛苦的地方，可能還會閃過「明明大家若有相同目標就能更強」的想法。

　　柏拉圖稱每個人都齊頭並進的理想為「理型」（Eidos），這個希臘文字的英譯相當於「觀念」、「理想」。理想的打擊者、理想的醫師等，所有事情都有理想或應該達成的基準。理想的人這種說法也曾聽過吧！壺觴職人製作壺觴時，首先必須想好壺觴的形狀。由這個想法做延伸，創造這個世界的造物主在製作人類的時候，也有人類應該如何的計畫或模型。而這種對各種事物的理想、基準、計畫、模型就是理型。

　　但是，不管是什麼人，都會選擇對自己更有利益的狀態。這不僅限於人類，因為所有事情的目標都是「更好的」狀態，所以大家的理想就成為「善的理型」。

　　打擊者或醫師能夠眺望、觸碰人類，但是人類的理型或善的理型既看不到也摸不著，不是去了地球上的某處就能找到的。

　　然而，理型確實存在。如果不存在現實世界的話，那就是存在另一個世界了。像這樣，柏拉圖將理型存在的另一個世界稱為理型世界，將之與現實的這個世界做出區別。

30 秒搞懂關鍵！

「理型世界」和「現實世界」

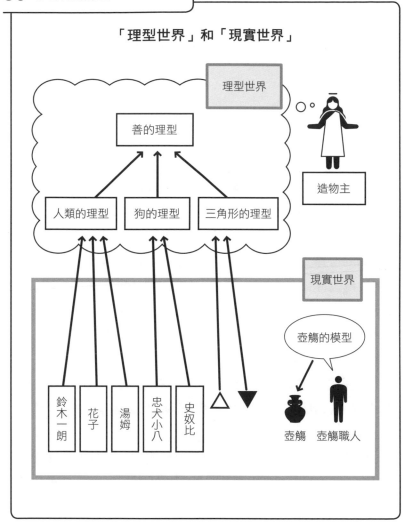

理型世界

善的理型

人類的理型　狗的理型　三角形的理型

造物主

現實世界

壺觴的模型

鈴木一朗　花子　湯姆　忠犬小八　史奴比　△　▼

壺觴　壺觴職人

重點解說 ▶ 柏拉圖「哲人王」

柏拉圖認為，國家應由知曉真正該做哪些事的哲學家做政治指導者（「哲人王」〔philosopher king〕），但這是因為他對遲於決斷的民主制度感到絕望。

▶ 05

亞里斯多德
從理型到現實

　　雖然同樣都是人類，但人也有各種樣貌，大家都不一樣。如果每個人都以同樣的理型為標準，要如何產生個人差異？思考這個疑問的時候，亞里斯多德就成為了引導提示。

　　亞里斯多德認為，每個人之所以成為現在的自己，都有四個必要因素。剛出生的嬰兒隨即進入成為人類的程式設計，這叫做「目的因」。之後，吸取了營養，建構肌肉和骨骼。這些是造就人類的材質、材料，稱為「質料因」。說得極端一點，「孩子不需父母也會長大」是因為個體具備成長的能力「動力因」。長大後的樣貌和其他人相比，基本上一樣，大家都具備人類的特性「形相因」。不只人類，動植物等所有事物也是由這四個必要因素構成，這個想法稱為「四因說」。

　　嬰兒是人類的未完成體，不久後會遇到可能成為人類的「潛在性」（dynamis），長大後會遇到目的因實現的「現實性」（energeia）。

　　所有事物存在的原因，均於各個個體中，這樣的想法從泰利斯開始，在希臘就是個「自然」的思考方式。這是不像柏拉圖那般理想，而是著眼於感覺中可以知覺理解的現實型哲學。

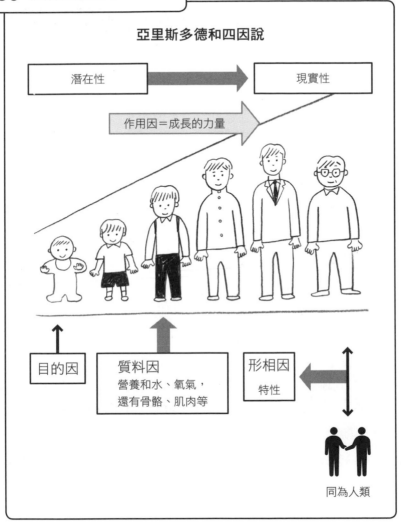

亞里斯多德和四因說

潛在性 → 現實性

作用因＝成長的力量

目的因

質料因
營養和水、氧氣，
還有骨骼、肌肉等

形相因
特性

同為人類

重點解說 ▶ 四因說和天動說

以有機物為模型的四因說不適合解釋無機物，天體運動或物體落下都是
對太陽或大地有憧憬而發現的，這也是托勒密（Ptolemaios Klaudios）天
動說的根源。

▶ 01
中世紀的歐洲與哲學

　　自西羅馬帝國滅於蠻族日耳曼人的476年，到東羅馬帝國的首都君士坦丁堡落入伊斯蘭勢力之手的1453年，這一千年為歐洲的中世紀。

　　早在392年，因為狄奧多西大帝（Theodosius I）將基督教定為羅馬帝國國教，使基督教深入羅馬境內和日耳曼民族，中世紀時以教皇為首的教會組織成為社會秩序的中心。

　　儘管如此，中世紀初期的五百年間有蠻族入侵，自七世紀起又有伊斯蘭群眾的壓力，造成接下來的三百年為十字軍東征（1096-1272年），於此期間教皇和世俗王權的爭奪也持續不斷。最後的一百多年雖進入文藝復興時期（十四至十六世紀），但英法百年戰爭（1337-1453年）等戰爭仍毫無歇停。

　　社會由「祈禱的人、戰鬥的人、耕種的人」（聖職者、戰士、農民）構成，因為文明衰退，羅馬帝國時期高度發展的雕刻、農業及其他技術已完全消失。

　　其中也包含將基督教教義正當化，或是從聖經的多種解釋而出現教派之爭，此時使用的理論就是被稱為「神學之婢」的中世紀哲學。

　　在正當化基督教教義的行動中，以最後的古代哲學家奧古斯丁為首，發展出共相問題（Problem of universals）。在歐洲幾乎不為人知的亞里斯多德，其文章於十二世紀自伊斯蘭世界流入後，因為多瑪斯·阿奎納等人使經院哲學達到極盛期，不久後來到奧坎的威廉等後期中世紀哲學。

中世紀的歷史和哲學

	中世紀的歐洲	日本
354年	奧古斯丁誕生	3～7世紀古墳時代
476年	日耳曼族入侵，西羅馬帝國滅亡。	
7世紀	奧米亞王朝[1]，最大版圖包含伊比利半島	6～8世紀飛鳥時代 712年《古事紀》
1096年～	十字軍（～1272年）	794年～平安時代
1033年	安瑟莫（～1109）[2]	1008左右《源氏物語》
12世紀	亞里斯多德（思想）自伊斯蘭文化圈流入	
	多瑪斯·阿奎納，經院哲學鼎盛期	1185年～鎌倉時代：鎌倉新佛教、《方丈記》
13～14世紀	鄧斯·司各脫[3]，奧坎的威廉等後期中世紀哲學	1336年～室町時代：《徒然草》
14～16世紀	文藝復興	14～15世紀世阿彌[4]
1453年	康士坦丁堡成為土耳其領土，中世紀結束	1467年～戰國時代
1492年	哥倫布「發現新大陸」、哥多華[5]淪陷	1573年～安土桃山時代

重點解說 ▶ 中世紀哲學家的戀愛

中世紀雖給人黑暗的印象，但建構經院哲學基礎的哲學家阿伯拉（Pierre Abélard）與小他二十多歲的學生哀綠綺思（Heloïse）的戀愛非常轟動，直到現在還能讀到二人的魚雁往返。

3

中世紀：神學之婢

▶ 02

奧古斯丁
神的意志與人的意志

假設神存在，基督教的神是全知全能、神聖的存在。然而，如果這個假設是正確的，為什麼這個社會上還存在著惡呢？如果神是全知全能的，應該也能消滅惡啊！所以該說神其實不存在嗎？回答這個問題的是奧古斯丁。

具基督教所言，世間萬物是由神創造天地開始的。那時，世界上最早出現的人類亞當和夏娃也被做成「與神相似的樣貌」。但因為二人任意妄為地吃下禁忌的「智慧果實」觸怒天神，而被逐出樂園。犯下背叛天神這樣最大的罪過，二人被落下原罪的刻印，這個原罪還禍及二人的子孫，即全人類。能拯救每個人身上原罪的只有耶穌基督，所以請來信基督教，此乃基督教的思考方式。

原罪這樣的惡，是因為亞當和夏娃的意志不堅定而產生的。他們二人用自己的意志打破禁忌，奧古斯丁將惡的起源解釋為人類追求自我意志，而他這樣的立場稱為「唯意志論」（Voluntarism）。

在羅馬帝國走向滅亡時誕生的奧古斯丁，將人類史中，再度面臨最後審判的基督透過背負原罪來拯救人類的過程，希望他不是拯救地球，而是拯救「神的國度」。

但是神在哪裡？人類有著與神相似的樣貌，也就是說神就在你的心中。所以，為了接近天神，奧古斯丁說：「你應該回到你的內在。」

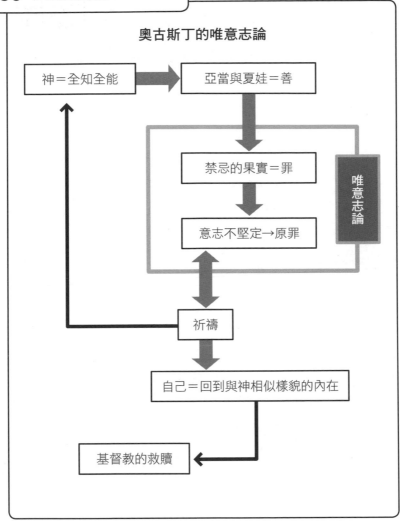

奧古斯丁的唯意志論

神＝全知全能 → 亞當與夏娃＝善

禁忌的果實＝罪

意志不堅定→原罪

唯意志論

祈禱

自己＝回到與神相似樣貌的內在

基督教的救贖

重點解說 ▶ 奧古斯丁的不幸人生

生於北非，前摩尼教徒[6]，和同居對象間育有孩子。他是非洲第二大都市
希波城（Hippo Regius）[7]的主教，在親眼見到日耳曼人侵略羅馬的同時
死去。

共相問題　為什麼可以使用普通名詞？

　　一朗、太郎或花子都是出生後被取名為「一朗」、「太郎」或「花子」的，然後以這個名字被稱呼。但是，為什麼包含這三人在內的所有人都統一以「人類」這個普通名詞稱呼呢？要將所有人一個一個命名為「人類」是不可能的。

　　這個問題對中世紀的基督教徒來說，是攸關信仰根據的大問題。亞當和夏娃的原罪擴及全人類，是因為大家有著「人類」這個相同的名字。但是，為什麼「人類」這個字會普遍的套用在所有人頭上呢？

　　關於這個問題將有三個不同的立場，被稱為共相問題。

　　第一種，雖然每個人都被稱為人類，但是所有人都具備「人類」必要的性質，也就是本質與概念皆真實存於人的內在，如安瑟莫等人提出的「普遍存於個體之中」，這種立場稱為「實名論」（Realism）。

　　第二個，我們不過是現在被套上「人類」這樣的名字，這是羅賽林（Roscelinus）等人的立場，「普遍出現在個體之後」這種立場稱為「唯名論」。

　　第三種，神在製作亞當的時候，神的腦海裡就有了「人類」是「和自己容貌相似」這樣的計畫，所以「人類」就是所有人，此乃阿伯拉的立場。這種「普遍先於個體之前」的立場叫做「概念論」。

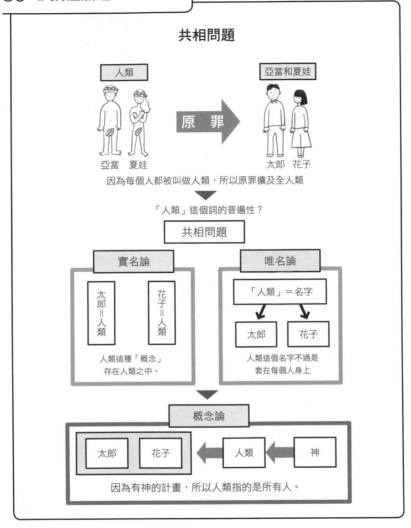

共相問題

人類

亞當和夏娃

原罪

亞當　夏娃

太郎　花子

因為每個人都被叫做人類，所以原罪擴及全人類

「人類」這個詞的普遍性？

共相問題

實名論

太郎＝人類

花子＝人類

人類這種「概念」
存在人類之中。

唯名論

「人類」＝名字

太郎

花子

人類這個名字不過是
套在每個人身上

概念論

太郎　花子 ← 人類 ← 神

因為有神的計畫，所以人類指的是所有人。

重點解說 ▶「人」的本質是什麼？

要界定人的本質是困難的，柏拉圖說：「人是二隻腳、沒有毛的動物。」
但是善於嘲諷的哲學家第歐根尼（Diogenes）就指著被拔掉羽毛的雞
說：「這是人嗎？」

▶ 04

多瑪斯・阿奎納
神的自由和人的自由

　　「神」到底是怎麼樣的存在？而且祂真的存在嗎？這二個困難的問題，多瑪斯・阿奎納一口氣解決了。

　　阿奎納將重點放在區分「本質」與「存在」，富士山有著「日本第一高山」的本質，並且實際存在。飛馬有著「擁有翅膀的馬」這樣的本質，但不存在任何地方。

　　但是，說到神，要規定祂的本質是不被允許的。但要說「神是完全的存在」其實不可行，因為如果這樣定義，就剝奪了神「不完全」的自由。當歌頌三船敏郎的金句「男人中的男人」出現，就使他不能有任何一點女性特質出現，二者是同樣的意思。

　　事實上，《舊約聖經》中神是「自存自在」的，換句話說，單以存在而論本質是可認為是存在的。神的存在與本質無法被區分，如果祂的存在就是本質，那麼神肯定存在，上面的二個問題一次就獲得解決。

　　存在，因為沒有其他附加規定，所以反過來說，神有成為各種樣貌的自由。不管做什麼都是自由的、沒有制約的，神創造的世界沒有制約，所以人類也沒有制約是自由的。假設神是存在的、人是自由的，這樣的結論對神學中的決定論（Determinism）就是強力的反論。

　　即便是神這樣偏離現實的假說，但徹底思考這件事的時候，也會連結到人的存在這種意外的反轉，這也是哲學思考的醍醐味。

30 秒搞懂關鍵！

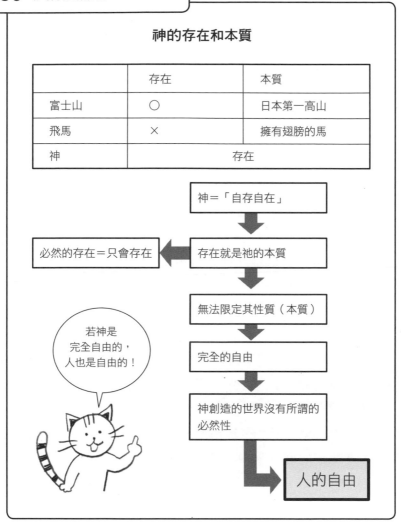

神的存在和本質

	存在	本質
富士山	○	日本第一高山
飛馬	×	擁有翅膀的馬
神	存在	

神＝「自存自在」

↓

必然的存在＝只會存在 ← 存在就是祂的本質

↓

無法限定其性質（本質）

↓

完全的自由

↓

神創造的世界沒有所謂的必然性

↓

人的自由

若神是完全自由的，人也是自由的！

重點解說 ▶ 伊斯蘭文化圈的亞里斯多德研究

伊本・西那（Ibn-Sīnā [Avicenna]）[8]、伊本・魯世德（Ibn Rushd [Averroes]）[9] 等人在伊斯蘭圈累積研究，而當時西歐會流入亞里斯多德的研究是因為多瑪斯・阿奎納。

▶ 05

奧坎的威廉
捨棄多餘的概念

假設有個人行蹤不明，這時會有失蹤、出意外等臆測浮現，卻不會考慮被幽浮抓走了這種推論。因為胡亂想像太多種的推測只會造成混亂，奧坎的威廉就對多餘的哲學假說進行了斷捨離。普遍在哪裡？又是從哪裡出現的？這個問題經過古代和中世紀都還是個謎，普遍是看不見也摸不著的，所以不存在現實世界。也因此，柏拉圖和基督教徒才會認為有理型世界或神的腦中等另一個世界。然而，奧坎的威廉找到了普遍所在的第三種可能性——現實中，人類的頭腦裡。

一開始，看見桃子會在腦裡出現「白白、甜甜的東西」這種觀念，然後記憶。下次看見別的桃子，又會出現同樣的觀念，然後與前面很相像的記憶連結，因為二者相通，於是桃子的觀念誕生。這個觀念的名字「桃子」可以普遍套用在所有桃子上，普遍的只有名字就是唯名論的立場。

普遍是由觀念衍生的，所以不需要理型。切掉理型這個「柏拉圖的鬍鬚」的就是「奧坎威廉的剃刀」。

依據多瑪斯·阿奎納的理論，神是完全自由的，制約這個世界的普遍秩序也不存在。所以，奧坎的威廉認為，不從個體的自我知覺出發就找不到普遍。以自我為根據的笛卡兒，認為知識的根據來自感覺中知覺的經驗主義等，近世哲學的源流就是這樣誕生的。

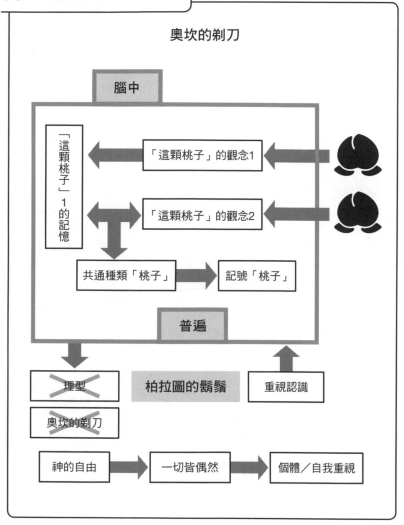

奧坎的剃刀

腦中

「這顆桃子」的觀念1

「這顆桃子」1的記憶

「這顆桃子」的觀念2

共通種類「桃子」　→　記號「桃子」

普遍

理型　　柏拉圖的鬍鬚　　重視認識

奧坎的剃刀

神的自由　→　一切皆偶然　→　個體／自我重視

重點解說 ▶ 史恩・康納萊飾演的奧坎

義大利的符號學家安伯托・艾可（Unberto Eco）的小說《玫瑰的名字》（IL NOME DELLA ROSA），其電影「薔薇的記號」（The Name of the Rose）由史恩・康納萊主演，據說主角就是奧坎的威廉。

第 **2** 部

10 hours ✓

philosophy

近世和
近代哲學

第二部的
重要哲學用詞

「歸納法」

忠犬小八開心時會搖尾巴，史努比開心時也會搖尾巴……等，觀察各個事例，導出「狗開心時會搖尾巴」這個一般法則。

「演繹法」

「人都會死」、「蘇格拉底是人」、「所以蘇格拉底會死」這樣的三段論（Syllogism）等，就是不靠知覺或觀察導出結論。

「理性主義」

日語是指不被情緒或人情左右，以預想或理由決定事情的態度，在哲學中，世界是有可以貫穿全體的理法，所以只靠理由議論就能掌握立場。因為「所有的事情都有原因」這個原理，「某件事的原因1也包含了原因2，原因2裡又有原因3……可以無限往前追溯。所以世間萬物的開端，也就是神，存在」這種推導出結論的討論就是理性主義。

「經驗」

日語提到「經驗豐富」時，會聯想到跨越許多慘澹狀況的賢德之人，其中的「經驗」是「曾經」遇過那些場面，但哲學中的經驗是指觀測、觀察或實驗。或者是透過視覺、聽覺、觸覺等感覺得到的知覺，只有經驗是知識的泉源，經驗主義就是站在這個立場。

「啟蒙」

知識上處於淺薄的狀態稱為「蒙」，「開啟」那冥頑的頭與眼，給予知的能力和理性即為啟蒙。

「cogito」（思）

「我在思考」的拉丁語，因為拉丁語對人稱、時間的活用各有規定，若「思考」的動詞「cogitare」只以第一人稱單數形「cogito」出現，意思就

是「我在思考」。根據笛卡兒的觀點，這就是唯一絕對確實之事。

「直觀」

假設夏至的日出是在早上四點，夏至那天，待在被子裡看時間「已經四點了，太陽應該出來了」這句話就是推論。實際看見日出，想像、想起那個模樣才是直觀，「直觀的知道、了解」就是不需根據和說明即能知道和了解。

「人文主義者」

相對於中世紀的經院哲學以《聖經》為中心，也使用古希臘和羅馬的文獻，探求神與人類的人們。

「實體」

桌上有桃子，桃子「白色」的「性質」、在桌子「上」的「關係」，是因為桃子和桌子存在而成立。如同桃子和桌子，該存在如不依存其他東西即稱為「實體」，與依存於實體的存在其性質和關係做出區別。所謂實體，即是「不依存其他事物的存在」。

「因果」

俗話說「父母的因果報於子女」，哲學上則稱為「原因」和「結果」。密閉容器的溫度上升則內部壓力增大，這時的溫度上升為原因，壓力增大為結果。二者之間有因果關係，而且因為是經常成立的，所以出現了「理想氣體定律」（Combined gas law）這個因果法則。

「永遠的真理」、「理性的真理」／
「偶然的真理」、「事實的真理」

「三角形有三個頂點」這句話中的「有三個頂點」這個述語包含了「三角形」這個主語，如此一來，要分析主語的概念就得掌握述語，如果否定這點則會陷入矛盾的真理，萊布尼茲稱之為「永遠的真理」或「理性的真理」。「永遠的真理」或「理性的真理」如同三角形就算不實際依靠知覺，光靠概念分析也能得到三角形有三個頂點，但是「地球是藍

色的」、「鈴木一朗是天才」這二句話則是沒接觸過實體就無法知道真偽，而且他們可能還有具備其他樣貌。這就叫做「偶然的真理」或「事實的真理」，「理性的真理」／「事實的真理」與休謨的「觀念關係」／「事實關係」、康德的「分析判斷」／「綜合判斷」相同。

「分界問題」

訂出能明確區別科學與非科學、真的知識與單純臆測的基準，為二者劃出清楚界線的哲學課題。這個課題的萌芽來自蘇格拉底揭露無知之知，而洛克的經驗主義、康德、二十世紀的邏輯實證主義（Logical positivism）等繼續討論。

「形上學」（Metaphysics）

不包含神的存在與死後靈魂等有形自然，主要討論經驗尚無法確認的問題。亞里斯多德全集的編纂者，雖依邏輯學或政治學等主題確實將草稿整理為書籍，但最後還留下了「萬物的原因」等不知道在討論什麼草稿。集結這些草稿的單書，因為無法加上標題，即以前一冊《物理學》（Physica）之「後」（meta）的意思，稱為「Metaphysica」。之後，當他被視為所有原理之學，就有了「超越有形自然原理的學問」這樣的意義。

「知性」、「悟性」

日語的「知性」是指知識豐富、有教養和見識的人，哲學上，能夠根據三段論等邏輯法則、四則運算等數學規則或「物體不會毫無原因的變化」等法則之類一定的規則，針對各種問題進行計算或推論，或具有認識物體的能力。「悟性」為德國的哲學翻譯用語，在其他哲學中即為「知性」。

「對象」

桌子那樣的「事物」或「存在」經常被混為一談，而感覺上無法知覺的「無限大」、只存在想像的「桃太郎」以及不可能出現的「圓形四角」，

因為能對這些進行思考、討論，所以每個都是「對象」。

「a priori」（先驗）

「a priori」是拉丁文「在…之前」的意思，與英語的優先的事（priority）等字根相同。「a priori」與「a posteriori」（在…之後）的意思相反，「地球是藍色的」此為根據經驗，在經驗之後了解為真的後驗真理，「三角形有三個角」則是不需經驗，在經驗之前就能了解的先驗真理。

「物自身的世界」

依據康德的理論，這個世界是感性的被經驗、接收資料，受物理學的因果法則支配，其後的物自身則不受因果法則所控。人的意志超越因果法則，所以屬於物自身的世界，稱為「睿智界」。

「德國唯心主義」

譯自唯心論（Idealism），ideal是「理想」、「理念」之意，而費希特或黑格爾的目的是想實現人類自由這樣的理想，所以譯為「德國唯心主義」其實更合適。

「表象」

如同映像或畫像，是表現某事的像。「麗子像」[1]是岸田麗子的表象，從上往下看桌子會看到面板，從旁邊看只能看到桌子的腳，桌子這樣的實體，根據狀況，只能看見其部分，而當下看到的部分即為實體的表象。對康德或叔本華而言，連可感知的桌子都有不可知的物自身表象，也以「印象」為意使用。

「單獨者」

和「個人」一樣，指稱自立且自律的存在，某個人與其他所有人具有相同的權利責任，雖有團結的可能，但單獨者不與他人重疊，是孤獨一人的存在。

▶ 01

進入近世
貧困和疫病

　　災厄襲擊了十四世紀的歐洲，疫病的大流行讓歐洲失去了三分之一的人口。然而，為逃離飢餓貧困的歐洲，哥倫布於1492年抵達了「新大陸」。這讓歐洲的慘況出現轉機，透過美洲與非洲大陸的資源，歐洲經濟慢慢復甦，在十七世紀迎來好景氣。

　　於此期間，十四至十六世紀以義大利、荷蘭等為中心的文藝運動（「文藝復興運動」）興起，十五世紀出現的活版印刷更成為馬丁・路德（1483-1546年）等人對宗教改革的引爆劑。新教與舊教之間的對立引發三十年戰爭（1618-1648年），這場戰爭捲進了歐洲所有國家，主戰場的德國地區更成為荒地，持續中世紀的狀態直到十九世紀。

　　同時，哥白尼、伽利略的「地動說」等天文學上的發現，提倡「歸納法」的法蘭西斯・培根（1561-1626年）、《烏托邦》的作者湯瑪斯・摩爾、《愚人頌》（praise of folly）的作者伊拉斯莫斯（Desiderius Erasmus）等人文主義者，冷酷的政治哲學家馬基維利（1469-1527年）等，和中世紀性質不同的思想登場。

　　十七世紀，笛卡兒登場，不久後出現歐洲大陸的理性主義和英國的經驗主義對立之狀。中產階級開始抬頭的十八世紀，這是大家開始分享理性之光的「啟蒙時代」、「理性世紀」，匹敵資本主義社會的社會契約論和自由思想也出現了。

近世的歷史和哲學

近世的歐洲		日本
14世紀	疫病流行	1336年～室町時代
14～16世紀	文藝復興運動	14～15世紀世阿彌
1445年	活版印刷	1397年金閣寺
1492年左右	大航海時代	1467年應仁之亂
16世紀	宗教改革	1488年一向一揆
16～17世紀	哥倫布（1473～1543年）、伽利略（1564～1624年）等	
1596年	笛卡兒誕生（～1650年）	1588年豐臣秀吉頒布刀狩令[1]
1618年	三十年戰爭（～1648年）	1603年德川幕府
1623年	帕斯卡誕生（～1662年）	
1632年	史賓諾莎誕生（～1677年）、洛克誕生（～1704年）	
1638年	路易十四	
1646年	萊布尼茲誕生（～1716年）	1688年元祿文化[2]
1711年	修謨誕生（～1776年）	1709年正德之治[3]
1712年	盧梭誕生（～1778年）	

重點解說 ▶ 馬基維利的思想

「要成為君主，不需要所有的美德。但是，必須讓人民認為你有。」等貫徹現實的思想被稱為馬基維利主義（Machiavellism）。

▶ 02

笛卡兒　絕對可靠的真理：我思故我在

　　被相信的人背叛、以為真實的資訊是謊言之類，遇到不知道該相信什麼的時候，就會想要能依賴絕對可靠的事物，此為笛卡兒的情況。

　　笛卡兒所謂的「絕對可靠」，指的就是「沒有懷疑的餘地」。有懷疑的空間就談不上確實，對於各種過程確認需不需要懷疑，挑出可疑的成分實行懷疑，其他剩下的，應該就是絕對可靠的事物。

　　話是這樣說，眼前這本書或生活的地方有該懷疑的地方嗎？——答案是有，因為說不定全是夢境。當然，每個人都會區別夢境和現實。但要做到這件事也是醒來之後了，現在確實看見的書籍和街道，在下個瞬間，醒來之後，說不定就是夢。書或城市之類的，都是不確定的東西。自己的身體和記憶也一樣，醒來之後說不定會發現自己是外星人，從小到大的記憶只是幻象。

　　那麼，就沒有確定的事物嗎？你現在正在思考的，又是什麼？「我認為自己現在正在思考，但這說不定是夢」這樣的懷疑是成立的，然而懷疑這個動作，就是指自己正在思考。就算再次懷疑，在那個當下也表示我再次思考。懷疑和思考是個循環，因此不需懷疑自己正在思考（「cogito」）這件事，「我思，故我在」是絕對可靠之事。

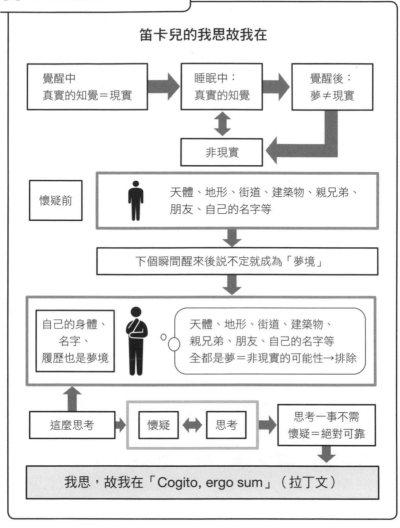

笛卡兒的我思故我在

| 覺醒中
真實的知覺＝現實 | → | 睡眠中：
真實的知覺 | → | 覺醒後：
夢≠現實 |

非現實

懷疑前 — 天體、地形、街道、建築物、親兄弟、朋友、自己的名字等

下個瞬間醒來後說不定就成為「夢境」

自己的身體、名字、履歷也是夢境 — 天體、地形、街道、建築物、親兄弟、朋友、自己的名字等全都是夢＝非現實的可能性→排除

這麼思考 → 懷疑 ↔ 思考 → 思考一事不需懷疑＝絕對可靠

我思，故我在「Cogito, ergo sum」（拉丁文）

重點解說 ▶ 電影「駭客任務」對夢境的懷疑

知道自己立身處世的生涯為夢境的邯鄲之夢、自己說不定是蝴蝶夢裡存在的蝴蝶夢、把現實世界當作幻象的電影「駭客任務」的世界傳達了實際上對夢境的懷疑。

▶ 03
主觀／客觀圖式
沒有證據就不能説有

　　思考說不定絕對可靠，但是如果在身旁毫無一物之處，就算思考是可靠的，也無法開始這件事。莫非除了思考沒有其他確實的事物了嗎？

　　「Cogito」，也就是自己思考這件事，當然自己也確實了解，而且可以隨時驗證。換句話說，絕對可靠的事物可以驗證。所以笛卡兒又想，反過來說，可以驗證的東西絕對可靠。但是，眼前的書籍或街道、自己的身體都能夠檢驗，因此這些東西確實存在。

　　知道身旁的所有確實存在是值得感謝之事，但是到頭來，這和毫無所得不也一樣？

　　但這只是表象，懷疑之前，親兄弟或天體之類，我們生於所有的存在之中，活到現在。但在懷疑之後，「我」──也就是思考，開始存在，經過思考的驗證之後，親兄弟和天體才真正存在。

　　將思考代換為主觀、驗證思考對象代換為客觀之後，即可說客觀立基於主觀之上。這樣的世界觀稱為主觀／客觀圖式，這個圖式日後幾乎成為所有近現代哲學的基本，如經驗主義、德國唯心主義、現象學。根據證據檢驗，是為了說明某事存在的必要思考，這樣的思考成為犯罪搜查、訴訟、自然科學的根據，也是自己為獨立存在的近代個人主義的基礎。

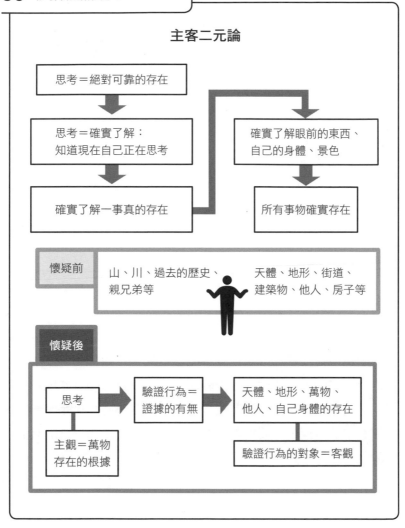

主客二元論

思考＝絕對可靠的存在

思考＝確實了解：
知道現在自己正在思考

確實了解眼前的東西、
自己的身體、景色

確實了解一事真的存在

所有事物確實存在

懷疑前　山、川、過去的歷史、
親兄弟等

天體、地形、街道、
建築物、他人、房子等

懷疑後

思考

驗證行為＝
證據的有無

天體、地形、萬物、
他人、自己身體的存在

主觀＝萬物
存在的根據

驗證行為的對象＝客觀

重點解說 ▶ 和一般用法相異的「主觀」和「客觀」

主觀是「sub-」（基本上）加「jectum」「存在之物」，客觀是「ob-」（相對於主觀）存在之物的翻譯，和平常我們認為「客觀」比「主觀」更好的用法相反。

▶ 04

心物二元論
心靈與身體的分別

　　每個人在牙齒痛、肚子餓的時候腦袋都不好使，相反的，長期處於心情沉重的狀態胃也會開始不舒服。心靈和身體是一個整體，然而這個理所當然的事實，若用笛卡兒的哲學來說明就會行不通。

　　對笛卡兒來說，身體和心靈的存在是完全不同的。

　　第一是，身體具有身高和體積，身體的存在需要空間。但是思考，也就是心靈，是只要思考就能存在，心靈的存在不需要空間。我的思考有一公升，或者我有十公分的悲傷，我們不太會這樣說。

　　這在主觀／客觀圖式中的分類也不一樣，懷疑時，不只是書籍或街道，連自己的身體也有可能只是夢境。在這個設定之後，當絕對可靠的思考開始進行檢驗作業，因為自己的身體成為檢驗對象，才終於被認可它的存在。思考，也就是心靈，是主觀／客觀圖式中的主觀，身體則落在客觀的位置，是二相分別的狀態，這就是心物二元論。

　　但在實際上，身心是密切連結的，該如何以心物二元論說明這個連結，自然就衍伸出心物問題（Mind–body problem）。笛卡兒說，心靈並非操縱身體這艘小船的船頭。然而，最後發現腦內的松果體（pineal body）就是連接心靈和身體的小器官。於是只要透過訓練，身體就能如機械一般改善、操作的人即機器（L'homme-machine），並應用於軍隊、體育、舞蹈等方面。

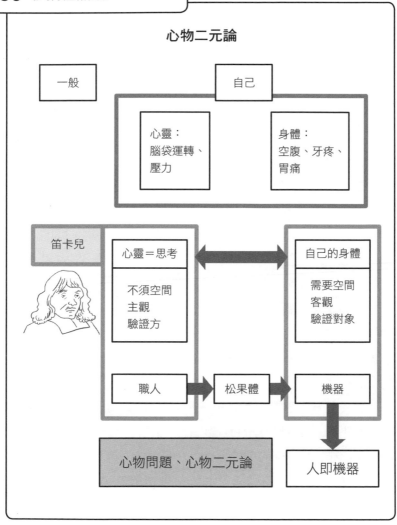

心物二元論

一般

自己

心靈：
腦袋運轉、
壓力

身體：
空腹、牙疼、
胃痛

笛卡兒

心靈＝思考

不須空間
主觀
驗證方

自己的身體

需要空間
客觀
驗證對象

職人　　松果體　　機器

心物問題、心物二元論

人即機器

重點解說 ▶ 該疼痛存在哪裡？

假定你於洗澡時割了手指，此時不能說該疼痛存在浴缸中，而是在手指。浴缸這個物體不能與身體並列討論，但笛卡兒將二者視為一樣的。

帕斯卡
會思考的蘆葦

　　有些人會用每個禮拜觀賞同樣的綜藝節目之類的事情，將自己的心情從重要的工作跳出，消除壓力。這種程度可稱之為轉換心情，但這讓帕斯卡來說的話，左右人生或生命的升官競爭或戰爭也是「娛樂」。不直視重要的事物，墮落娛樂的悲慘模樣和動物一樣只是依靠著本能，但因為人類能夠自覺到這一點，才會與動物不同。也就是說，帕斯卡認為人類是神與動物之間的中間存在，「人如同宇宙中的一根蘆葦那樣孱弱，但是一根會思考的蘆葦」這句名言即是在表現人類為中間存在。

　　人類成為中間存在是因為原罪，人類是以地上支配者的身分被創造出來，卻對禁忌的果實伸出手，於是被趕出樂園。這個結果讓人類失去了對萬物的支配權，也喪失控制自己的能力，墮落為中間存在。

　　對於曾為狂熱基督教徒的帕斯卡來說，一切皆由思考決定的笛卡兒不過是不懼天神的傲慢傢伙。帕斯卡甚至這樣說：「既無用又不確定的笛卡兒。」

　　道德主義者（moralist）帕斯卡也相對於笛卡兒重視的「幾何學心智」提出「纖細之心智」，纖細之心智指的是對空間、時間、運動、數學等，能夠直覺理解幾何學基本原理的能力。這種基本原理無法對之做出實質定義，但我們現在正理解、利用著幾何學。帕斯卡認為這件事之所以成立，就是因為纖細之心智存在。

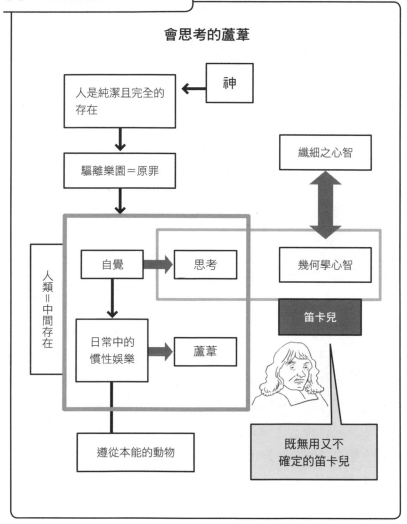

會思考的蘆葦

重點解說 ▸ 道德主義者的傳統

道德主義者蒙田（Michel Eyquem de Montaigne，1533-1592 年）因為「未來某天可能發生的事，今天也可能發生」這些意味深遠的話而被認識，至於道德主義者的傳統還影響到二十世紀的阿蘭（Alain，即埃米爾奧古斯特‧沙爾捷）[4]。

▶ 01

史賓諾莎
何謂享受必然

　　任誰都是自己決定自己要做什麼事，自己的主人就是自己。但是，如果全知全能的神全都幫你決定好了又會怎麼樣？自己要做什麼、思考什麼，全都由神做好決定的「決定論」就可歸結於此。

　　有人投擲小石子，若那塊小石子有自己的意識，說不定它就能自己自由的往某處飛。依據史賓諾莎的思想，人類只是天神手中「被投擲的石子」。其實一切都由神做好決定，什麼自由意志不過是錯覺。

　　不過，也不能說這是一場惡夢。為什麼呢？桃子的「白色」性質，「在桌子上」這個關係，是因為桃子和桌子這樣的實體存在才成立。另一方面，實體不需依賴他者就能存在。但在更嚴謹的思考後，就會得到不論桃子或桌子，若沒有生產它們的農家或工廠也不會存在。真的可稱為自己即存在的只有神，現存的所有實體因為只有神，祂充滿從過去至未來的所有時間與空間，其他事物全都是神的一部分（「泛神論」〔Pantheism〕）。

　　思考決定論會這麼不愉快，也是基於神的意志而產生的現象。只要從神的角度（「在永恆的形式下」〔sub specie aeternitatis〕）來看，就會得到全是因神而生的現象，是神的一部分，而且其中也包含了自己。「陶醉於神的人」史賓諾莎說：「這是極大的喜樂。」

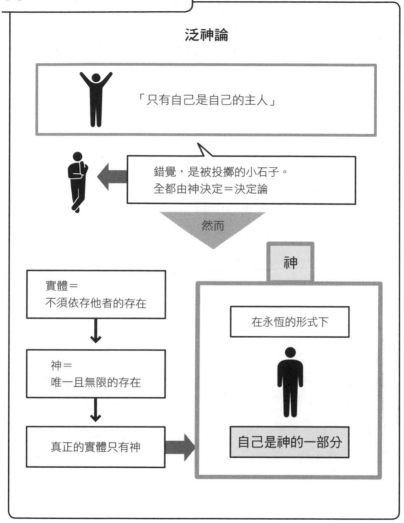

泛神論

「只有自己是自己的主人」

錯覺，是被投擲的小石子。
全都由神決定＝決定論

然而

實體＝
不須依存他者的存在

神＝
唯一且無限的存在

真正的實體只有神

神

在永恆的形式下

自己是神的一部分

重點解說 ▶ 磨鏡片的史賓諾莎

當時，望遠鏡的技術急速進步，因此史賓諾莎擁有打磨鏡片的技術。過去都說他是為了生計而打磨鏡片，這是錯誤的，其實他是為了研究。

▶ 02

萊布尼茲
噴泉曲線中的宇宙

　　噴泉畫出的拋物線，其形狀是由水的推力強弱來決定。為了使水噴出，特殊形狀的噴出口、水管、水源、海水蒸發後形成雨的氣候系統、製作下水道的鐵工廠、鐵礦山、岩漿活動、太陽、太陽系、銀河等，從遙遠的過去直到現在的宇宙整體系統，其實都是必要的。像這樣以無限的關係為背景，運用力量統一的個體稱為「單子」（Monad）。根據萊布尼茲的思想，噴泉、噴出口、推力、海、太陽、人、神等，全是單子。

　　單子並非四散各處的存在，他們之間互有內在關係，各個單子反映了宇宙的整體存在（「反映宇宙的鏡子」）。如同手錶工匠同時啟動無數的手錶一樣，最大的單子「神」為了構成能和諧運作的宇宙整體預先安排（「預定和諧」〔Pre-established harmony〕）。因此，這個宇宙和其他可能的宇宙相比自然為最好的（「樂觀主義」〔optimum〕）。

　　神和人類在單子這點上一樣，但也有不成立的時候。像「三角形有三個頂點」這種「永遠的真理」、「理性的真理」，不論神或人類只看概念就能了解，但是「桃子是甜的」這種「偶然的真理」、「事實的真理」就是另一種主題，神依據桃子的概念就能判斷它是甜的，但人不實際嚐過就不會知道。

　　萊布尼茲雖是理性主義哲學家，但在二種真理的區別上，和重視實驗的經驗主義可能更親近。

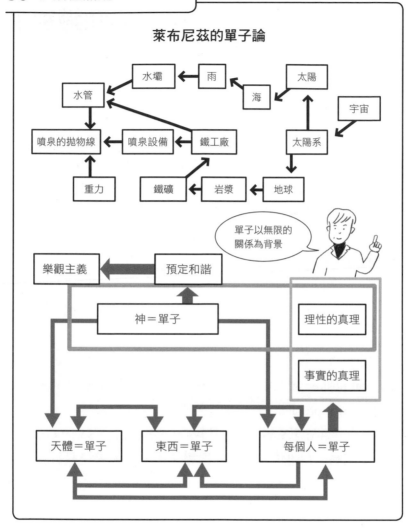

萊布尼茲的單子論

單子以無限的關係為背景

重點解說 ▶ 是數學家也是各種專家的萊布尼茲

比牛頓更早發現微積分，負責路易十四的外交交涉、曾任漢諾威圖書館長等職務，著有《中國近事》（Novissima sinica）等對中國情勢也表現出關注的書籍。

洛克　所有的知識都來自經驗

　　沒有與生俱來的知識，每個人出生時都是「白板」（tabula rasa）狀態。只有透過知覺得到的知識是真的，而人又是如何只靠知覺運作而得知資訊？這個含括認知根據和範圍的問題叫做認識論問題。

　　與奧坎的威廉一樣，洛可也將知識視為觀念。感覺到蘋果的紅、紅綠燈的紅，「反省」這樣的感覺後，就能得到「紅」這個單純觀念。組合「紅色的」、「圓的」這些單純觀念，就能得到「蘋果」這個「複合觀念」。洛克認為，因為這種觀念操作，不管多麼複雜且抽象的知識也能成立，相反的，也只有透過這種路徑得到的東西是知識。

　　這個做法和問題設定，持續到二十世紀的邏輯實證主義（Logical positivism）中，其代表是科學和非科學的劃界問題（demarcation problem）。

　　同為社會思想家的洛克，其政府契約論（The Social Contract）是光榮革命（1688年）的理論根據。原本，人就是具社會性且理性的，即使處於無政府的「自然狀態」[1]也因自然法[2]而有自然權，換句話說，擁有處罰侵害生命、自由、財產之類所有權對手的權利。不過，自然狀態下無法確實保證所有權。因此，人們將自己的處罰權委託公共機關，締結透過法律保障所有權的契約。因為有了這種契約，國家誕生，這就是政府契約論。政府違反契約的話，人民被保證可行使抗拒服從的「抵抗權」和「革命權」。

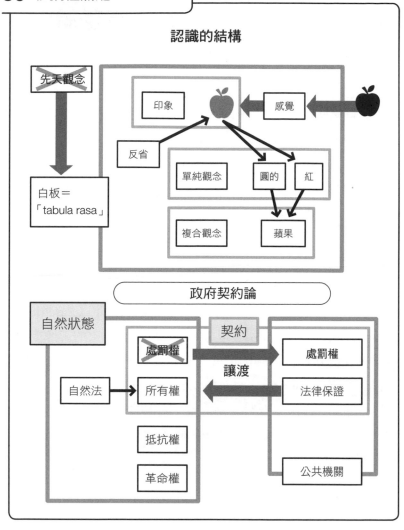

重點解說 ▶ 百聞不如一見

通常，人除了自己的見聞，更是經常透過父母的話或讀書得到知識。但是，透過傳聞得到的資訊，若不自己確認就不能說是知識。

▶ 04

休謨　極端懷疑論

　　一旦徹底站在「知識的來源只是感覺上的知覺」這樣的經驗主義立場，就會走向否定知覺經驗的懷疑論（Skepticism）。

　　以撞球為例，因為A球撞擊B球，所以B球移動。這是常見的小事情，但將這個告訴休謨後，會得到那個誰也無法知覺的回覆。「A撞到B」和「B動了」能夠知覺，但是中間的「因為……所以」是無法知覺的，沒人知道「因為……所以」的顏色或形狀。

　　每個人都會想說「因為……所以」，但這不過是心理上的習慣。是想到酸梅唾液就會分泌的「觀念連結原則」（the Principle of the Association of Ideas）現象，同樣的，看到火的影像後會覺得熱，是因為看見火的影像就會期待熱的習慣。休謨將此稱為「恆常連結」（constant conjunction），會想說「因為……所以」是恆常連結在作用。自然之中並無「因果關係」的根據，這是主觀的必然性。這和聽完祈雨歌後，碰巧總是會下雨，但這不能說祈雨就是下雨的原因一樣。

　　物理學等自然科學，是因為具因果關係的法則而建立。如果因果關係不成立，自然法則和自然科學也不會成立。不僅如此，休謨還說，萬物和自我等「實體」也只是「一束知覺」（a bundle of perceptions）。原先為了區別非科學、確保科學的經驗主義，是將科學變得不可能的概念。

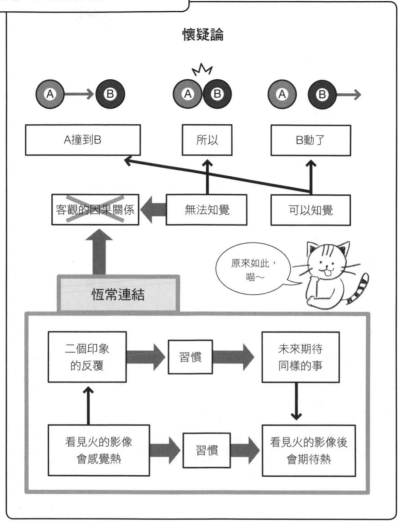

懷疑論

A → B

A B

A B →

A撞到B

所以

B動了

~~客觀的因果關係~~

無法知覺

可以知覺

原來如此，喵～

恆常連結

二個印象的反覆 → 習慣 → 未來期待同樣的事

看見火的影像會感覺熱 → 習慣 → 看見火的影像後會期待熱

重點解說 ▶ 休謨與康德

休謨極端的懷疑論，在當時，給予曾是歐陸理性論（Continental rationalism）信仰者的康德衝擊。康德說，休謨喚醒了自己的「獨斷迷夢」。

▶ 05

盧梭　回歸自然

　　針對國家是如何誕生的這個問題，過去的歐洲認為是神授予國王權力的「君權神授說」（Divine right of kings）。在經濟景氣、中產階級抬頭後，如洛克等人提倡「社會契約」的思想家開始出現，其中最大放異彩的就是盧梭。

　　具盧梭所言，人性本善，即便在無政府的「自然狀態」也擁有除了自我滿足外，憐憫他人的感情。不平等或從屬、戰爭等不受歡迎的現象會發生，都是因為土地私有化，在私有這個前提之下，即便創造了政府，不平等也不會改善。社會真正需要的是，全面讓渡自有財產和自然權的社會契約。由此而生的共同體不會固執於個人利害的「特殊意志」，也不會堅持其總和「全體意志」，而是以思考共同體共通的利益「共同意志」（general will）為原理。因為個人與共同體成為一個整體，同時實現了自由和團結，也讓直接民主制成為理想。

　　「回歸自然」是句有名的口號，它的意思不是回歸「原始自然」。而是透過真正的社會契約回復自然狀態中的平等、幸福、愛等等，「終止人為」才是其真意。

　　盧梭的思想，不只影響了法國大革命中最激進的雅各賓俱樂部總裁羅伯斯比（Maximilien François Marie Isidore de Robespierre），連德國的納粹主義（Nazism）也奉為指導理念。

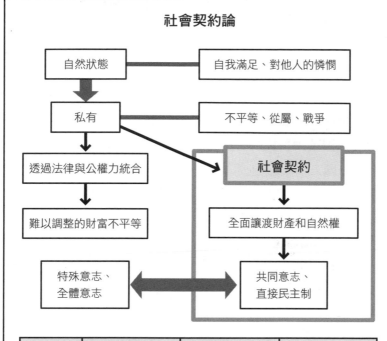

社會契約論

	自然狀態	契約	
霍布斯[3]	戰爭狀態	全部委任公權力	不認同革命權
洛克	對自然法中自然權的保護	刑罰權委任公權力，所有權有法律保證	有革命權
盧梭	自我滿足、同情	全面讓渡財產和自然權	自由與團結，共同意志

重點解說 ▸ 盧梭和康德

沉浸於盧梭《愛彌兒》（Émile）的康德，為了一口氣讀完，連日常散步都忘記了。[4]對於盧梭告訴我們對人類的尊敬，康德稱他為「道德界的牛頓」。

6

▶ 01

康德生活的時代

　　進入十八世紀後半，歐洲經濟因為使用了美洲與非洲大陸的資源而復甦，中產階級抬頭，延續中世紀封建制度的王朝再也難以維持。與英國對抗的美國獨立戰爭（1775-1783年）成功後，刺激了法國大革命的爆發等，中產階級取代國王或貴族主導的體制漸漸產生。因為這樣的背景，符合資本主義社會的哲學變成必需品。

　　在古代和中世紀哲學中，是以理型或神為中心，而後笛卡兒相對於此確立了自我中心的圖式。之後的十七至十八世紀，歐陸理性論和經驗主義爭論不休，但二者都可得到自我破壞的結論。如同休謨的發現，經驗主義太過追求證據，陷入無一事為知的懷疑論。理性主義則朝向受萊布尼茲影響的克里斯蒂安‧沃爾夫（Christian Wolff）[1]等人主張，只看道理、無關證據的獨斷論（Dogmatism）發展。

　　調停這二個極端主義的人是康德，和認識與存在的條件相關的《純粹理性批判》（Critique of Pure Reason）、和倫理與道德相關的《實踐理性批判》（Critique of Practical Reason）、和美與自然全體相關的《判斷力批判》（Critique of Judgment）是以自然科學的正當性、個人的自律、藝術的自律等近代原理為佐，同時開展了費希特、謝林、黑格爾等人的「德國唯心主義」之路。

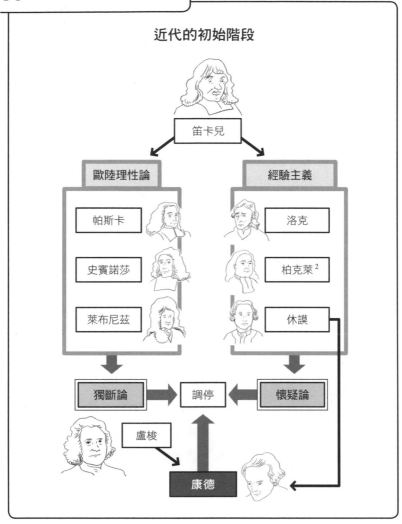

重點解說 ▸ 重用中產階級成為革命的開始？

路易十四達到法國王權的巔峰，當時的宮廷對中產階級出身者大力重
用。本意雖是為了削弱封建貴族的勢力，卻也同時撒下了革命的種子。

人不可能知曉的事：
再想也沒有用

「人真的自由嗎？」、「神真的存在嗎？」、「宇宙是從哪裡開始的？」等等，任誰都曾經在意過這些問題吧！這些是超越有形物體與自然的「形上學」的提問，康德說，形上學的提問是誰都無法避開、卻也不可能回答的問題，也就是病。

為了弄清楚這些事，康德對「上帝存在」等形上學的主張，不論是肯定或否定，最後的結果都是無法決定。

以肯定「宇宙是有起源的」這個主張為例，但如果「宇宙是有限的」則開始之前的狀態就成為問題，最後只能得到「宇宙是無的」這個回答。這是與一開始設定的意向相反的結論。

相反的，若是否定宇宙的起源，認為「宇宙是無限的」，因為不可能無限的後退，一定有某處為起點，如此一來又只能說「宇宙是有限的」，這也和一開始的意向相反。

不論是要肯定「宇宙的開端」或是否定它，最後都只能走到自我破壞一途。另一方面，對神的存在、人的自由給予肯定或否定也都能成立，沒有一個結果，這種相互矛盾的現象就是「二律背反」（Antinomy）。

康德以此檢討形上學最在意的理性制約，否定理性主義的獨斷論。這是「為了製造信仰之所而限制了知」的理性批判，自由或上帝、死後的靈魂都是信仰情事，學問上知的對象則是物理法則等等。

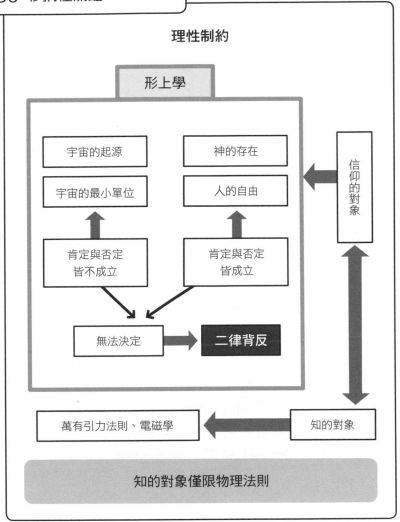

理性制約

形上學

宇宙的起源

神的存在

宇宙的最小單位

人的自由

肯定與否定
皆不成立

肯定與否定
皆成立

無法決定

二律背反

信仰的對象

萬有引力法則、電磁學

知的對象

知的對象僅限物理法則

重點解說 ▶ 認真的康德

康德生涯都在北海漢薩同盟[3]的柯尼斯堡（Königsberg）度過，因為個性非常認真，每天都會在固定的時間散步，據說該地區的居民看到康德就知道現在是什麼時間。

▶ 03

《純粹理性批判》　認識的可能性　可能得知的事

每個人看到的花和彩虹都是一樣的，但是狗的眼睛只能分辨出黑白。也有文化看到的彩虹是三個顏色，雖然說戴上有色眼鏡後看到的東西就會改變，但據康德所言，每個人都戴著與生俱來的有色眼鏡。

粉紅色、摸起來圓圓的、吃起來甜甜的，我們會判斷這是「一顆桃子」。這時「一顆」的概念並未包含於視覺、觸覺或味覺，但是一顆桃子現在就在眼前。這個「一顆」是從哪裡來的？康德回答，是從知性而來。「一顆」是從知性而來的概念，這稱為「悟性概念／範疇（Kategorie）」。

悟性概念是經驗某事之前，先於經驗而建立的概念，被認為是「先驗」（拉丁文「在…之前」）的概念。

知覺經驗是透過悟性概念這層有色眼鏡編輯而來的東西，因為生物種類或文化而改變有色眼鏡後，知覺內容也會改變。沒有證據可以顯現狗比人類或三色比七色的彩虹更是真實知覺，真實是存在所有知覺內容的背後、任誰都無法知覺的東西，康德將此稱為「物自身」（thing-in-itself）。

並不是因為有認識對象才認識該對象，而是因為有悟性概念才成立對象與其相關經驗。康德將此逆轉比為地動說，稱為「哥白尼革命」（Copernican Revolution）。

透過先驗的概念，康德克服了休謨的懷疑論，確保自然科學的可能性。

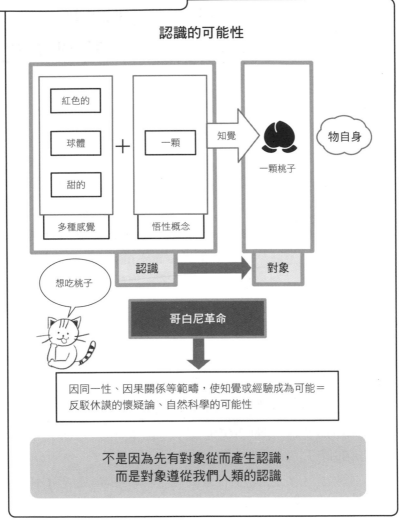

認識的可能性

紅色的
球體
甜的

多種感覺

＋

一顆

悟性概念

知覺

一顆桃子

物自身

想吃桃子

認識　　→　　對象

哥白尼革命

因同一性、因果關係等範疇，使知覺或經驗成為可能＝
反駁休謨的懷疑論、自然科學的可能性

不是因為先有對象從而產生認識，
而是對象遵從我們人類的認識

重點解說 ▶「知性」和「悟性」其實是一樣的

英語的「understand」在德語是「verstehen」，名詞則分別為「understanding」
和「versatändnis」，明治時期將前者翻譯為「知性」後者翻譯為「悟
性」，但其實是一樣的。

▶ 04

《實踐理性批判》
該做什麼？　理性人格

　　現在，有許多大學會將在其他大學的教學經歷列為特約講師的必要任用條件。讓有經驗的人來教確實比較有益，但所有大學都採用這個方針的話，尚未累積教學經歷的研究生就永遠無法找到工作了。這點就長期觀點來看，對大學來說將招致不良的結果。

　　康德將教導人類義務分為「假言令式」（Hypothetischer Imperativ）和「定言令式」（Kategorischer Imperativ），假言令式是有條件的義務，舉例來說，「如若不想被加害，就不要加害於人」並不適合不懼怕危害之人。希望或條件不同的話，義務也會改變。

　　定言令式是每個人都要無條件遵從的義務，具體來說就是，「自己接下來要做的事，必須經常確認，是否全部人做了也不會造成困擾」這樣的規則。自我中心的事情，當其他人也一起做了自然大家都會困擾，而且最後自己也很困擾，所以不能做，前面的特約講師任用條件就是相對例子。

　　儘管如此，決定自己做什麼的是自己的意志。意志不受因果關係支配，所以屬於物自身的世界，而且本身為善。定言令式以此為前提，達到確認行為是非的檢查效果。

　　康德的時代是以「啟蒙」為理想的「理性世紀」，「啟蒙」是自律，相對於盲從牧師或靈媒等人意見的他律。康德的思想影響了羅爾斯（John Rawls）[4]等人，是現在倫理學（Ethics）的基礎。

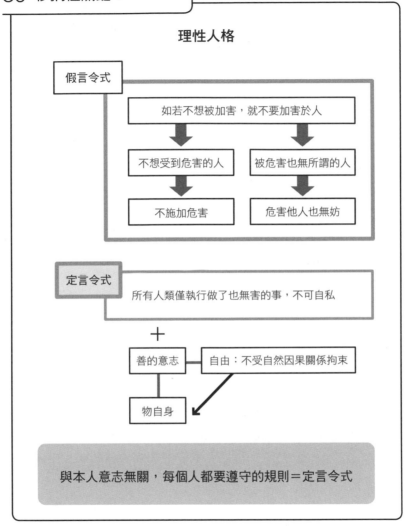

理性人格

假言令式

如若不想被加害，就不要加害於人

不想受到危害的人　　被危害也無所謂的人

不施加危害　　危害他人也無妨

定言令式

所有人類僅執行做了也無害的事，不可自私

＋

善的意志　　自由：不受自然因果關係拘束

物自身

與本人意志無關，每個人都要遵守的規則＝定言令式

重點解說 ▶「現象界」和「叡智界」

康德將受因果關係支配的物體劃為「現象界」[5]，人類無法認識的物自身屬於「睿智界」，所以人類的自由意志屬於睿智界。

▶ 05
《判斷力批判》
人想知道什麼？

　　人生在世一定有討厭的事，這種時候，大海、滿天星斗或是閃電，看著就不禁入迷於它的無限廣闊與魄力。漸漸地變得心胸開闊，覺得自己為了人際關係問題之類的小事而煩惱好像笨蛋。大自然或宇宙的神祕經驗稱為「崇高」（壯美）的經驗，不論是大海或閃電，其廣闊或有魄力的規模都是自己所不能及，只能隨想像力無限擴大的狀態就是崇高的經驗。

　　經驗崇高之時，人不會有阻礙整體流動之舉，而是讓合適的東西置於合適的地方，達到宇宙整體合目的性（purposiveness）之流。探求自然之際也是如此，隨著這樣的合目的性，就能超越已知的知識與其總體，有著判斷自然整體方向性的可能。

　　合目的性能發揮作用的另一個方面是藝術，接觸均等的旋律或繪畫，平時雜亂無章、無法超越固定範圍的想像力（「構想力」）就會隨著作品的分節或飛躍變得自由，並且不會陷入無意義的混亂。這就是美的體驗，判斷某物是否為美雖然是件主觀的事，但只要看見該作品則每個人都會進入同一種狀態。康德說，美的判斷是既主觀又具普遍性的。

　　美是想像力的產物，與真偽或善惡沒有關係（「無關心性」）。《蒙娜・麗莎》的模特兒是誰、價格多少、有道德教訓嗎？這些問題都與其美的價值無關。

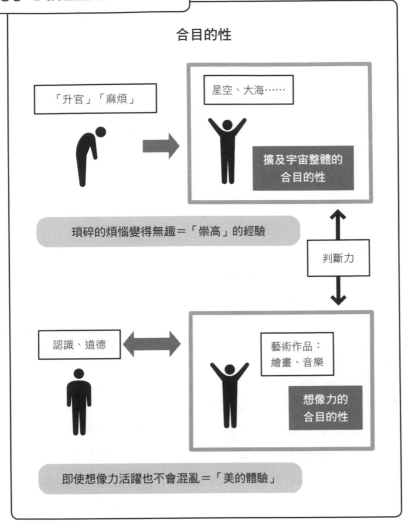

合目的性

「升官」「麻煩」

星空、大海……

擴及宇宙整體的
合目的性

瑣碎的煩惱變得無趣＝「崇高」的經驗

判斷力

認識、道德

藝術作品：
繪畫、音樂

想像力的
合目的性

即使想像力活躍也不會混亂＝「美的體驗」

重點解說 ▶ 婦女為什麼喜歡康德？

康德是座談名人，他舉辦的晚餐會在婦女之間很有人氣。與美學相關的
《對美感和崇高感的觀察》，在當時是婦女化妝台上必放的一本書。

▶ 01
近代哲學的演變

　　現在德國所屬地區並非一直是個統一的國家，改變此情況的人是拿破崙。強勁的拿破崙軍隊讓其他列強就算聯合起來也不是他的對手，拿破崙軍隊如此堅強的理由是，當時一般的兵士均為傭兵，而拿破崙的卻是法國國民。這樣的危機感在德國這個地區，進入十九世紀後，以普魯士（Pruisen）¹為中心，統一的氛圍日益高漲。

　　然而康德雖排斥獨斷論和懷疑論，調停了歐陸理性論和經驗主義的爭論，同時間，卻也產生了新的問題。《純粹理性批判》中關於認識的知性（「悟性」）、《實踐理性批判》中關於行為和善的理性、《判斷力批判》中關於自然和藝術的判斷力和想像力，像這樣，分別討論三個領域，為了分析它們與人類能力的關聯，以能在各領域來去自如的人為統一，或者該說，人類生活中實踐的世界和自然間的關係變得無法好好說明了。

　　這時為了對康德的思想提出批判，出現了德國唯心主義。費希特提出行為自我意識、謝林以毅然為出發點構築包含所有存在的體系、黑格爾承續前面二人，連同自古希臘以來的整體西洋哲學，以辯證法這樣的工具來做統整。這個巨大的體系被認為是自西元前四世紀以來，歐洲哲學的頂點。不過，同時間也在發展的產業化和都市化也產生各種問題，在十九世紀後半，對黑格爾的反駁也掀起浪潮。

近代哲學

近代歐洲		日本
1781年	康德《純粹理性批判》	1739年梅岩《都鄙問答》[2]
1787年	法國大革命	1790年昌平坂學問所[3]
1794年	費希特《全部知識學的基礎》（Grundlage der gesamten Wissenschaftslehre）	1792年子平《海國兵談》禁止發售[4]
1807年	黑格爾《精神現象學》（The Phenomenology of Spirit）	1798年宣長[5]《古事紀傳》
1809年	謝林《對人類自由本質的哲學研究》（Philosophical Inquiries into the Essence of Human Freedom）	
1804～14年	拿破崙一世（Napoléon Bonaparte）、法蘭西第一帝國（拿破崙帝國）	
1810年	費希特、柏林大學教授	
1819年	叔本華《作為意志和表象的世界》（Die Welt als Wille und Vorstellung）	1832年北齋《富嶽三十六景》[6]、1833年廣重《東海道五十三次》[7]
1844年	齊克果《憂懼的概念》（The Concept of Anxiety）	1840年鴉片戰爭
1870～71年	普法戰爭	1868年明治維新

重點解說 ▶ 十九世紀前，中世紀的德國

三十年戰爭（1618-1684年）徹底破壞了德國，十八世紀末，相對於貴族，奉「文化」為價值的教養市民階層誕生，成為十九世紀德意志文化的土壤。

▶ 02

費希特
做過才知道的事

　　只在腦中想卻弄不清楚的事，一旦自己被捲入、吃過苦頭，就會一瞬間了然於心。就算是對權力騷擾沒有興趣的中年男子，一旦自己遭受其害，就會埋頭調查相關規定等，並想讓這種情況消失。積極的行為和認知實為一體，然而康德卻沒注意到這點，費希特如此批判。

　　對費希特來說，自我即是行為的主體。每個人都是自由的逐漸擴張自己的範圍（讓施以權力騷擾的上司被降職之類的），然後肯定會遇到障礙（上司受高層喜愛等）。不過，遇到障礙後反而會得到新的認識（公司內部的權力關係圖）。

　　費希特認為，自我透過持續作為，使自我得以存在。就像騎腳踏車一樣，如果不繼續踩下踏板，腳踏車就會倒。自我存在這個事實和自我行為一致的構造，稱為「事行」（Tathandlung）。

　　事實上，費希特就是實踐此事之人。他在拿破崙戰爭中的演講「告德意志國民書」（1808年），即為小國林立的德意志敲響警鐘，為了養成「德國人」，說明以自己國家的語言——德語——來教育的重要性。作為歐洲新興國家的普魯士，後來唯一的強項實際上即為就學率。

　　費希特的哲學是追求自由這個理念，所以被稱為「唯心論」（「理念論」）。

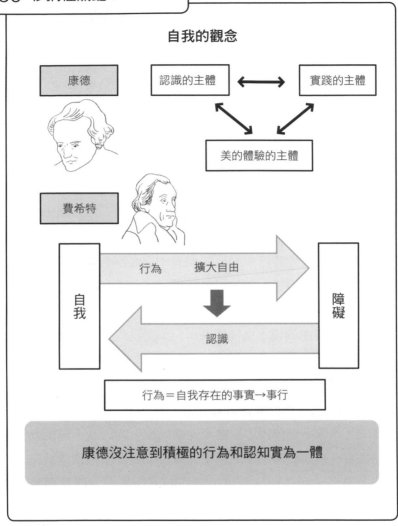

自我的觀念

| 康德 | 認識的主體 ⟷ 實踐的主體 |

美的體驗的主體

費希特

行為　　擴大自由

自我　　障礙

認識

行為＝自我存在的事實→事行

康德沒注意到積極的行為和認知實為一體

重點解說 ▶「洪堡的理念」其實是神話

柏林大學[8]以第一任校長洪堡（Friedrich Wilhelm Heinrich Alexander von Humboldt）的理念「學問自由」、「重視研究」為中心，但於最近得知此乃二十世紀時編造出來的神話。

謝林 「自然的」、 「自然發生的」

　　過去，亞里斯多德等人認為世界是自然的，以此立場為中心，則笛卡兒、康德、費希特等人的思想過分偏頗於自我。謝林認為，每個人都是在已經存在的自然中誕生，若要生存，自然就應為萬物的原理。

　　十九世紀時，因為化學、熱力學、磁學（magnetism）、電學（Electricity）、生物等學問發展，是自然構造接連被揭開面紗的時代。而且，此時自然的最新樣貌，不如笛卡兒所想的，是時鐘那樣機械論的自然，而是複雜的揉合了各種力量而成長的有機自然。

　　看著山谷中的流水就能理解，「水流沒遇到障礙就會無限的前進，遇到阻礙就會形成漩渦。這種漩渦是自然而然出現的產物，每個有機體都是如此。」謝林如是說。地錦（Parthenocissus tricuspidata）[9]碰到牆壁就會盤據，然後繼續往別處尋找出口。同樣的，水流遇到障礙，就會凝縮原先擁有的力量，形成其他外型的物質。在這段時間逐漸累積力量，等到外型破壞後就進入下個新的階段。這種能推展下一階段的潛在能力，謝林稱為「潛勢」（Potenz）。物質、電流、有機體、精神、倫理學、實踐哲學、藝術等都是潛勢，所以謝林認為已被分級的有機力量就是自然。自然是生成萬物的唯一存在，也是絕對同一者。

　　相對於費希特的主觀唯心論，謝林被稱為客觀唯心論。這個構造曾經過史賓諾莎時代，也先於尼采或其他複雜的哲學論調。

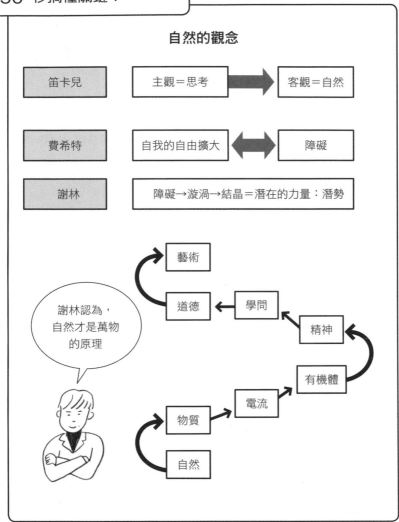

自然的觀念

| 笛卡兒 | 主觀＝思考 ➡ 客觀＝自然 |

| 費希特 | 自我的自由擴大 ⬌ 障礙 |

| 謝林 | 障礙→漩渦→結晶＝潛在的力量：潛勢 |

謝林認為，自然才是萬物的原理

藝術
道德 ← 學問
精神
有機體
電流
物質 →
自然

重點解說 ▶ 浪漫主義的現實逃避心理

十九世紀是浪漫主義的時代，謝林也是其中一人。以不合理、戀愛、對古代與中世紀或異國的憧憬等為特色的浪漫主義，其實就是逃避現實的心理。

▶ 04

黑格爾
消除所有對立的方法

　　當夫婦意見對立，若找到能滿足二人的第三方案，就會以第三條路為出路。舉例來說，休假時，老婆想去能享受大海鮮味的小樽，而老公想去能滑雪的藏王，能夠同時滿足二者的解決方案可推論出前往洞爺湖。黑格爾的辯證法就是這樣，從對立找出新的可能性。

　　老婆的意見為「正」（thesis），老公的意見為「反」（Antithesis），洞爺湖為「合」（Synthesis）。合是保留二人的重點（飲食和滑雪），捨棄不重要的因素（小樽、藏王）尋找更好的觀點而得出的結論，這樣的動作稱為「揚棄」（Aufheben）。

　　辯證法在哲學上是非常有用的工具，回頭看看過去的哲學就知道，柏拉圖的理想和亞里斯多德的現實，或者是笛卡兒的心物二元論等，討論哲學伴隨而來的就是對立。其他的哲學家只能聲援對立二方的其中一方，或是放置不管。然而，辯證法能揉合所有的對立，產生一個全新的統一整體，這種生成運動即為黑格爾的哲學。

　　《精神現象學》中不斷的揚棄「現在、這裡」和物體、自然法則和知性等的正反辯證，達到「絕對精神」。絕對精神指的是，自然、實現精神自由的人類史、宗教、藝術等，包含所有面向的整體。

　　也可以說是揚棄了費希特的主觀唯心論和謝林客觀唯心論之間對立，得出的綜合唯心論。

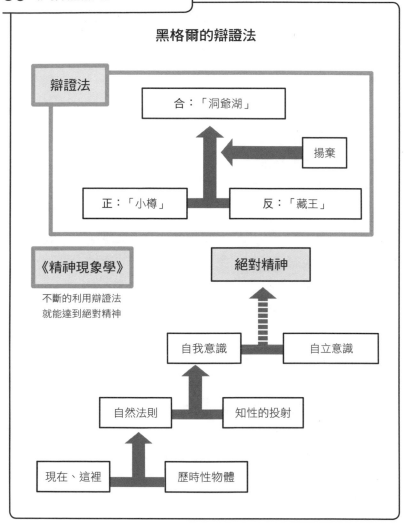

黑格爾的辯證法

辯證法

合：「洞爺湖」

揚棄

正：「小樽」　　反：「藏王」

《精神現象學》

不斷的利用辯證法
就能達到絕對精神

絕對精神

自我意識　　自立意識

自然法則　　知性的投射

現在、這裡　　歷時性物體

重點解說 ▶ 黑格爾偏好義大利作曲家

黑格爾是音樂愛好者，為了聽歌劇還去了維也納。據說他喜歡義大利作曲家羅西尼（Gioachino Antonio Rossini）[10]等人更勝德國代表貝多芬。

▶ 05
叔本華和齊克果
給自我的不安

　　唯心論也許是吞下所有想法的壯大體系，但是閱讀此種思想的自己不過是人類。這樣的自己到底該如何生存？有二名學者從這樣的角度批判黑格爾。

　　據叔本華所言，經驗過的世界不過是表象，所有存在的根柢均來自盲目的意志。這不是因為某人的意志，也不是神的意志。因為意志是盲目的，所以從中而生的世界也毫無秩序。每個人都是沒有目的也沒有意義的出生，在滿是矛盾的苦惱中生活，最後受到挫折、迎接死亡。

　　為了從苦惱中解脫，只能面對這樣的構造，停止固執於自己的存在。受古代印度思想影響，描繪出扳倒康德構圖的叔本華哲學被稱為「悲觀主義／厭世主義」（pessimism）。

　　按照齊克果的思想，人的存在分為三個種類。第一種是對「任何事物」均感到新奇，追求快樂的享樂美學者，第二種是選擇「某一方」，會批評不正當之事，強烈追求倫理道德者。但是，二者均會陷入虛無感或絕望，最後的第三種「只有單一選項」，就是信仰上帝，走向宗教的存在。

　　根據齊克果所言，大眾會因為對成功者的嫉妒而連帶產生與他人的同伴意識，具有滿足於「水平化」的特徵，但信仰宗教的存在則會走上與他人隔絕的「單獨者」之路，這點給予海德格（Martin Heidegger）[11] 和二十世紀的存在主義（existentialism）相當大的影響。

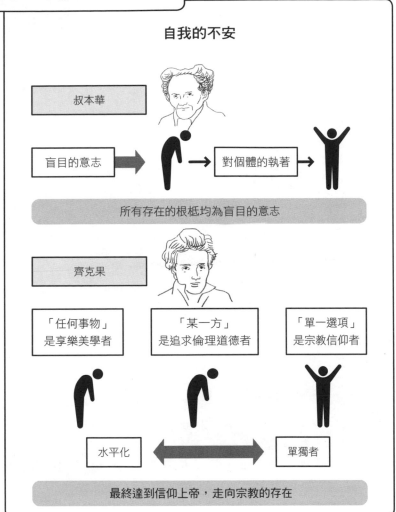

自我的不安

叔本華

盲目的意志 ➡ 對個體的執著 ➡

所有存在的根柢均為盲目的意志

齊克果

「任何事物」
是享樂美學者

「某一方」
是追求倫理道德者

「單一選項」
是宗教信仰者

水平化 ⬌ 單獨者

最終達到信仰上帝，走向宗教的存在

重點解說 ▶ 討厭黑格爾的叔本華和齊克果

二人都討厭黑格爾，擔任柏林大學講師的叔本華，雖然開課時間與人氣教授黑格爾的上課時間衝堂，出席者卻不足五人。

第 3 部

_____

10 hours ✓

_____

philosophy

_____

現代哲學

第三部的
重要哲學用詞

「疏離／異化」（alienation）

「家人之中只有父親被疏離」等，因為周遭的壓力被迫離開原本應該待的地方，形成無法全體參加的狀態，變得「被排擠」。此外，這樣的結果造成自己迷失了存在方式。

「功利主義」（Utilitarianism）

彌爾（John Stuart Mill）和邊沁（Jeremy Bentham）等人提倡的倫理、政治學說，分配某樣社會資源或所得時，盡可能讓多數人得到最大的幸福，是以「最大多數的最大幸福」為目的的想法。

「數學基礎」（Foundations of mathematics）

「1、2、3……」這樣的自然數和加減乘除的四則運算等，提問算術和形成數學基礎的要素是什麼，屬於數學的範疇，此領域的代表有提出自然數能夠科學化定義的弗雷格（Gottlob Frege）和認為數學不過是利用記號和規則來計算的希爾伯特（David Hilbert）等人。

「偶然性」（Contingency）／「必然性」（Necessity）

提到「沒有必然性的故事」，就是指在一定的設定下也沒有理由展開故事，而哲學上「三角形有三個角」、「人某天會死」等，沒有例外的都會成立，不可能發生與之相反的事就是必然。如果是某人「得到腳氣病」、「紅色的三角形」這種有其他模樣的東西就是偶然。

「不定性」（ambiguity）

撲克牌花色是紅心時，就不可能同時也是黑桃。如同這個例子，對立的規定不能同時成立即為矛盾。相對於此，若互相對立的規定可同時成立則具有不定性。舉例來說，雙手抱胸時，右手「觸碰著」左手，同時左

手「被觸碰」，這裡二種相對的情況是同時成立的。

「知識論」（Épistémologies）

法國獨特的科學哲學，關注醫學或物理學、生物學等各個科學的生成過程，如熵（entropy）或進化，實際驗證該科學的中心概念如何被納為理論、形成該科學獨自的知識構造。「健康」不是實際存在的狀況，而是不超過醫學上規定的範圍，這就是岡圭朗（Georges Canguilhem）提出的功績。

▶ 01

從近代哲學到現代哲學

　　十九世紀時，歐洲各國正對亞洲、非洲地區進行殖民和產業革命。日本經過明治維新終於正式加入世界體系，而在普法戰爭贏得勝利的普魯士也成為德意志帝國。

　　近代化的矛盾和問題也陸續出現，此時拜訪倫敦的馬克思因為空氣汙染和民眾的不健康而感到吃驚。因為十七世紀的三十年戰爭而荒廢、長期處於中世紀狀態的德國，經過十九世紀中葉急速的近代化、工業化和都市化，卻喪失了精神上的方向感。

　　德國和英國的哲學均受到黑格爾思想顯著的影響，進而從該學派出現主張「『上帝』不過是人類對理想的投射，被此限制的人卻疏離自己」的費爾巴哈（Ludwig Andreas von Feuerbach）[1]。比其他國家更先走到產業資本主義的英國有彌爾和邊沁等人的功利主義，法國則出現了柏格森（Henri Bergson）[2]。

　　更重要的是，隨後出現被稱為「現代思想三巨頭」的馬克思、尼采和佛洛伊德。馬克思是資本主義，佛洛伊德是人的潛意識和從過往的哲學看來，以分析外在現象為起點，否定笛卡兒和康德、黑格爾等人自我中心、精神中心的哲學。尼采則是從根柢顛覆蘇格拉底和柏拉圖之後的西洋哲學，以及以基督教為大前提的想法，給予1960年代後的現代思想極大的影響。

十九世紀末的世界和哲學

	近代歐洲	日本
1840 年	鴉片戰爭	1841 年天保改革
1845 年	馬克思著作《德意志意識形態》（The German Ideology）	1853 年黑船來航（第一次黑船事件）
1861 年	南北戰爭（美國內戰）	1867 年大政奉還
1870 年	普法戰爭	1877 年西南戰爭[3]
1885 年	尼采《查拉圖斯特拉如是說》	1889 年大日本帝國憲法頒布
1896 年	柏格森《物質與記憶》	1894 年甲午戰爭
1900 年	佛洛伊德《夢的解析》	1904 年日俄戰爭
1914 年	第一次世界大戰	
1929 年	經濟大恐慌	

8

近代的矛盾

重點解說 ▶ 吊著吊環睡覺的勞動者

英國於維多利亞王朝時期（1837-1901 年）對繁榮景況大為歌頌，然而勞動者卻沒有足夠大的房間可住，處於好幾個人並排、吊著吊環睡覺的狀態。

馬克思
人為什麼工作？

　　沒有便利商店的生活相當不方便，支持零售業者的物流機構、工廠或銀行等，對處於現今這個資本主義經濟社會的現代人來說都是必需品。

　　馬克思解說的就是資本主義的構造，經營者先是投資工廠或機器等生產手段，整備大量生產、大量販售商品的體制。而進行商品生產的是勞動者，勞動者販賣自己的勞動能力獲得薪資。

　　另一方面，商品的銷售立論再度拿來投資設備，當商品的生產變得更大量、更便宜，身為經營者的資本家就能得到更多的利益。初期的投資帶來數倍、數十倍的利益，形成錢滾錢的循環，換句話說，資本主義體制就是這樣完成的，所謂資本就是指「生出錢的錢」。

　　然而在這個期間，勞動者因為自己生產的商品價格逐漸下降，所得也持續減少。如此一來，勞動者被資產家剝削、被疏離於生產體制外，馬克思認為這種情況將引發社會主義革命。

　　這種想法的根源來自人的思想和言論、法律、政治、道德、宗教等「上層結構」，和生產手段、生產活動等「下層結構」，下層結構從農業生產到手工業，甚至是大規模的工業，隨著下層結構的變化，上層結構的世界觀也產生變化。此乃歷史唯物主義（Historical materialism）的思想，「下層結構規定了上層結構」這個想法徹底顛覆了認為人類為精神上存在的西洋哲學。

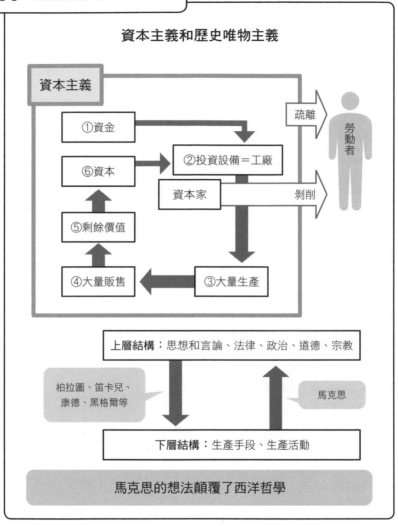

資本主義和歷史唯物主義

資本主義

①資金

⑥資本

⑤剩餘價值

④大量販售

②投資設備＝工廠

資本家

③大量生產

疏離　勞動者

剝削

上層結構：思想和言論、法律、政治、道德、宗教

柏拉圖、笛卡兒、康德、黑格爾等

馬克思

下層結構：生產手段、生產活動

馬克思的想法顛覆了西洋哲學

重點解說 ▶ 馬克思的名言

馬克思也有關於歷史的著述，留下名言：「一切偉大的世界歷史事變和人物都會出現兩次：第一次是作為悲劇出現，第二次是作為鬧劇出現。」《路易‧波拿巴的霧月十八日》（The Eighteenth Brumaire of Louis Napoleon）

▶ 03

尼采　忘掉一切

　　看到有人突然變得有錢或有名就不知為何地產生嫉妒，如果那個人做了不正當的事就檢舉他，看他失勢就會感到愉快，這種因為嫉妒（「無名怨憤」[4]）產生的情緒，用尼采的說法就是善惡之類的道德價值。

　　道德的價值並非一開始就存在社會中，根據尼采的說法，善惡是如下面敘述那樣產生的。假設現在有個非常強勁的對手，不論腕力或武力、財力、政治力等，沒有一樣能贏得了他。這時集羨慕嫉妒恨於一身的輸家會如何？製作一個有勝算的新基準──道德，將強者視為「惡」、自己視為「善」，則弱者也能佔上風。不平、不滿、怨恨漸消，心情大好。

　　善惡之類的道德不過是弱者無名怨憤下的產物，因此是沒有價值的，這樣的想法就是「虛無主義」（Nihilism）。

　　對基督教來說，神是善的根源。因此按照神的規定行事就是善，然而現在善已被發現是無名怨憤的產物。因為知曉神這個根據是虛構的，神就必須退場了（「上帝已死」）。

　　不過，不管社會如何變化，善惡的基準始終無效，所以整體不會更好也不會更壞，只是反覆同樣的狀況（「永恆輪迴」）。不管做什麼都沒有意義，能夠接受此種絕望狀況的即為「超人」（overman），是超越人類的存在。

　　尼采的反哲學否定了基督教和整體西洋哲學。

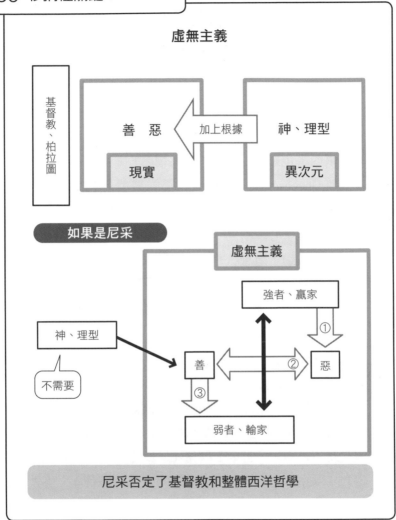

虛無主義

基督教、柏拉圖

善　惡　←加上根據　神、理型

現實　異次元

如果是尼采

虛無主義

強者、贏家

神、理型

不需要

善　②　惡

①

③

弱者、輸家

尼采否定了基督教和整體西洋哲學

重點解說 ▶ 永恆輪迴的思想是突然出現的！

永恆輪迴的思想，與其說是尼采自己的想法，不如說是突然找上尼采的思想，據說這是尼采在瑞士觀光勝地錫爾斯‧瑪利亞（Sils Segl Maria）散步時的靈光一閃。

▶ 04

佛洛伊德
下意識的支配

　　大家應該有過忘記聯絡不喜歡的人的經驗吧！仔細想想討厭的理由，也許只是對方長得像以前欺負自己的人。至於亂買一堆可愛的小東西，也只是因為想被朋友稱讚——這些事情的背後都是潛意識（Unconscious mind）。過去的霸凌者或當時的心理創傷（trauma）其實都已刻意遺忘、封印、「壓抑」起來了，遇見相似的人即刺激了心理創傷，使之重新覺醒，而記憶因為是被壓抑的，所以只啟動了潛意識的迴路，結果讓本來與事件毫無關係的對象在心裡產生了不喜歡的感覺。

　　買小東西則是受到自戀的影響，儘管每個人都是愛自己的，但大致上實際愛著的並不是真實的自己，而是更朝向自己的想像、是「理想的自己」。照鏡子的時候、拍照的時候，為什麼會不自覺的擺姿勢，都是因為想要更接近自己的理想。

　　自戀的種子存在幼兒期，幼兒在一開始會有與母親同為一體的欲望，討厭父親（「戀母情結／伊底帕斯情節」）。然而，不久後知道父親不是敵人，否定了欲望（「本我」），將父親內化後成為「超我」（super-ego）[5]，並遵循他的教導（規律），決定成為雙親口中的好孩子，也就是理想的自己，自戀的種子就是這樣被種下的。

　　笛卡兒和洛克等人長期以來的常識，認為自己的想法是自己驅動的、自己才是自己的主人，全被佛洛伊德的潛意識給打破了。

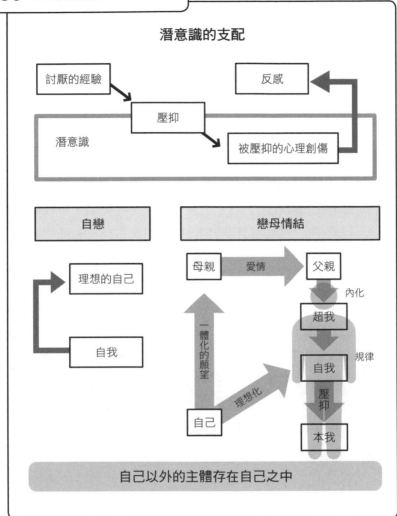

潛意識的支配

討厭的經驗 → 壓抑

反感

潛意識

壓抑 → 被壓抑的心理創傷

自戀

理想的自己

自我

戀母情結

母親 → 愛情 → 父親

內化

一體化的願望

超我

自我　規律

自己 → 理想化

壓抑

本我

自己以外的主體存在自己之中

重點解說 ▸ 誰是伊底帕斯？

伊底帕斯是希臘神話中的人物，雖然是底比斯國王的兒子，卻在野外長大，並在不知情的情況下殺了父王，而後拯救了底比斯的困境後與前王妃，也就是自己的母親結婚。

柏格森　生命衝力

時間到底是什麼？

在物理學的教科書，瞬間會出現在排列於直線上的圖表。手錶的時刻或四季則畫成圓，以這個形象表現，就能顯示所有瞬間同時存在，而且整體是不動的。但是，現實中，過去已經消失、未來還沒消失、現在馬上就要消失。時間是流動的，各個時間點絕不會同時存在，關注這個時間流動的有奧古斯丁和胡塞爾。

柏格森還觀察了其他的構造，華爾滋的第二拍因為在第一拍後、第三拍前，所以是「第二拍」。谷村新司的《昴》「我邁步前進」這段副歌，因為存在較平緩的A段和B段之後，變得很高昂。由此可推斷現在的內容，是因為過去的現在的內容而成，並影響下一個現在的內容。所有的瞬間都是像這樣，有節奏或旋律的表現出該情況的當下。人的一生或自然、宇宙的時間也是一樣，從出生以來的全部時間累積成現在，現在會繼續影響下個現在，過去不是消失了，而是隨時存在，柏格森將這樣的時間稱為「綿延」（durée）。

在時間綿延的概念上看生物的進化，例如扇貝的視覺接收器，這是以前連芽點都找不到卻突然長出來的器官（「生命衝力」）。

柏格森的思想是自謝林和尼采之後的生命哲學，並由德勒茲（Gilles Deleuze）[6]等人繼承。

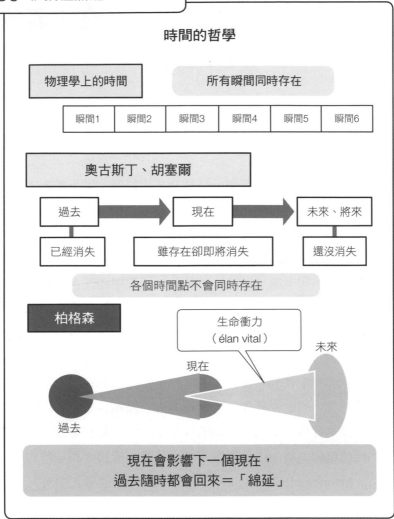

重點解說 ▸ 諾貝爾文學獎和哲學家

很可惜，諾貝爾哲學獎並不存在，柏格森（1927年）、倭鏗（1908年）[7]、羅素（1950年）[8]、沙特（1964年，辭退）[9]均是獲得文學獎。

▶ 01

對現象學、存在主義的提問

　　二十世紀雖是戰爭接連不斷的世紀，但另一方面，十九世紀後半開始抬頭的自然科學和科學技術，也是存在感更加強烈的時期。

　　其中，二十世紀的哲學分為積極肯定科學、以英美為主的語言分析哲學；因為科學和戰爭威脅而追求人類存在意義的德國、法國的現象學和存在主義；尋求和過去的哲學不同、具有全新突破和新水平的法國結構主義和後結構主義三種潮流。在這三種潮流中，本章將提及第二種潮流，也就是現象學和存在主義。

　　進入十九世紀後半，在客觀的自然科學面前，黑格爾那種壯大的思辨失去了說服力，針對人文社會科學和自然科學的正當性與界限的議論四處崛起。與認識方法相關，並為了冷靜分析，而有了重新擁抱康德的新康德主義（Neo-Kantianism）[1]，其他還有希爾伯特等人的數學基礎、弗雷格等人以邏輯為基礎的討論。

　　這樣的背景孕育出胡塞爾的現象學，隨後還有著眼於存在主義的海德格和沙特、以心理學等基礎具體分析知覺和身體的梅洛龐蒂（Maurice Merleau-Ponty）[2]，以及以絕對他者為中心，提倡倫理的列維納斯（Emmanuel Levinas）[3]等人。

　　他們是以認識、行為和主體的分析為切入點，綿密的分析世界的整體構造，並深入其存在的意義。

現象學和存在主義的歷史

	近現代的歐洲	日本
1870年	普法戰爭（～1871年）	1868年明治元年
1913年	胡塞爾《觀念》（Ideen）、俄派芭蕾（Ballets Russes）《春之祭》（The Rite of Spring）初次演出	1912年大正元年
1914年	第一次世界大戰（～1918年）	
1927年	海德格《存在與時間》	1920年加入國際聯盟（League of Nations），擔任常任理事國
1929年	經濟大恐慌	1923年關東大地震，1926年昭和元年
1933年	納粹德國政權	
1939年	第二次世界大戰（～1945年）	
1945年	梅洛龐蒂《知覺現象學》（Phenomenologie de la Perception）	
1946年	沙特《存在主義是人文主義》（Existentialism Is a Humanism）	1946年日本國憲法頒布，1950年韓戰
1960年	嘉達美（Hans-Georg Gadamer）[4]《真理與方法》（Truth and Method）	
1973年	哈伯瑪斯（Jürgen Habermas）[5]《公共領域的結構轉型》	

重點解說 ▸ 明治時期以後的日本哲學研究

明治時期以後，多數的日本哲學研究者前往歐洲，並不斷消化與介紹當時最先進的哲學，如新康德主義或現象學。

▶ 02

胡塞爾　經驗的構造

　　進行野鳥觀察就會發現，河邊的樹叢中有褐色的身影。那是花嘴鴨（Spot-billed Duck），但只要靠近一看發現牠靜止不動。原來是假鳥啊，但再靠近一點，竟聽到一個奇怪的計時聲響。那居然是恐怖份子的炸彈！

　　隨著那時的狀況，到底要怎麼看、怎麼聽，也就是如何出現在眼前，就會變成不同的樣子。此外，為了說出那肯定是花嘴鴨所需的必要條件不只是外型，還有行動模式和內臟構造等各種條件，不論怎樣觀察，只要後來出現了令人意外的一面，就不能排除牠原來是其他東西的可能性，檢驗工作絕不會有結束的一天。

　　出現方式會一邊變化一邊形成組織，形成某一對象知覺的結構稱為「現象」。透過分析，使「為什麼能說某某存在？需要何種知覺結構？」清楚呈現的學問就是現象學。

　　即使沒有人看見，東西也存在──這是自然的設定。但是活用這個設定（「自然態度」）[6]，針對「為什麼（存在）」這個問題時，回答「因為東西就在那裡」即可結束。但如此一來就沒有現象學展開的餘地，於是切斷了這個設定的迴路，而將視線帶回現象的操作就是「現象學還原」（Phenomenological Reduction）[7]。

　　現象學不是理論或理念，而是透過詳細且具體的分析，讓自己存在於這個世界的意義變得清晰的嘗試。

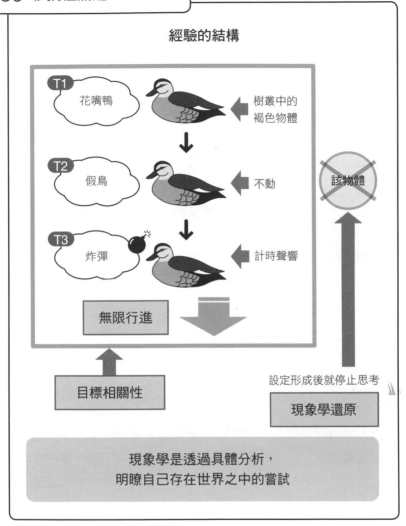

經驗的結構

T1 花嘴鴨 ← 樹叢中的褐色物體

T2 假鳥 ← 不動

T3 炸彈 ← 計時聲響

無限行進

目標相關性

該物體

設定形成後就停止思考

現象學還原

現象學是透過具體分析，
明瞭自己存在世界之中的嘗試

重點解說 ▶ 和日本哲學有深厚緣分的胡塞爾

胡塞爾的學生之中有許多的日本哲學家，因為出身於猶太家庭，在納粹政權下被逐出大學，不久後，胡塞爾曾投稿日本雜誌《改造》。

▶ 03

海德格
自己原來的存在方式

　　每天過著忙碌的日子，回神一看，這真的是自己嗎？不禁產生不安。如同企業戰士活躍的自己，到頭來，不過是顆小齒輪。

　　海德格說：「其實，日常的自己，經常是可被替換的。」舉例來說，冬天想要來碗熱湯，切了蔬菜煮好豬肉味噌湯後，如果突然來了客人，那碗湯還是只能拿給對方。本來，應該「無可取代」的自己也只能滿不在乎。合計四千支安打的天才打擊手或鋼琴大師雖然難以取代，但也不是每個人都當得了。因為那不是每個人都做得到，而且他還有著別人無法取代的條件。

　　海德格認為，那就是自己接受自己的死。自己的死只能自己接受，沒有人能夠替代。而且，任何人都沒有例外是「向死的存在」。面對自己的死亡時，就能夠回復原本那個不可能被取代的自己。

　　但是，這其實只是一瞬間的事。將來的死亡就是失去自己的存在，因為說到底，自己也是毫無根據、毫無理由、不知在何時存在這個世界。現在的自己不是本來的自己，不論是過去、現在或未來，被無所包圍、浮游於世，並失去自己的存在，那才是自己。

　　包圍自己的無，後年的海德格替換成包圍著所有的存在者，是贈與其存在的「此在」（Dasein）。

本真性（authenticity）和非本真性（inauthenticity）

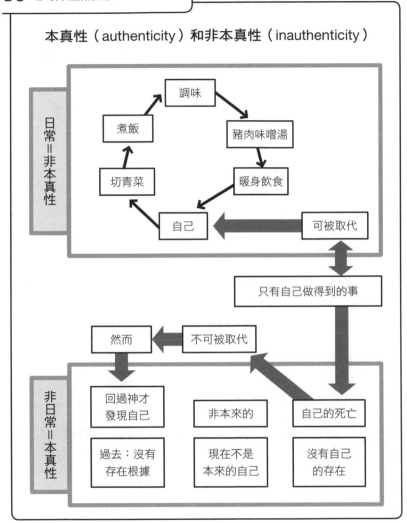

重點解說 ▶ 海德格的戀情

海德格與學生漢娜・鄂蘭（Hannah Arendt）[8]有過一段戀愛，但因為鄂蘭是猶太人被剝奪德國公民身分後，逃往美國，她的主要著作《極權主義的起源》（The Origins of Totalitarianism）和《心智生命》（La Vie de l'esprit）在日本也有很強的影響力。

▶ 04

沙特
自己存在方式的選擇

　　假設有個高中生迷惘著，是該繼承父母傳統技藝職人的衣缽，還是念大學進入企業工作。雙親並不打算干涉，由本人自行選擇。這個選擇將會是該名學生以傳統技藝職人的身分過完一生，或是當個企業人士過完一生的選擇，換句話說，那個人最後會成為「什麼」，是決定本人「本質」的選擇。

　　每個人都一樣，經常都是回過神來才發現已經變成現在的樣子。換句話說每個人都是「實存」（Subsistence）[9]，但是沙特認為，只有這樣的話，那個人的本質只是未定。自己的本質必須由自己決定，而這個判斷就是「存在決斷」（existentialdecision）。

　　這個想法，翻覆了自古以來的西洋哲學常識。以柏拉圖來說是先有理型，以基督教來說是先有上帝，基於這樣的想法，隨後才有動植物或人類的誕生。在這個情況下，理型和上帝等想法的「本質」是先於個體而「存在」。沙特翻轉這個前提，闡述「實存先於本質成立」。所有人都是個實存的存在，其存在方式由自己決定的思想稱為「存在主義」。

　　然而，能夠自由的決定所有事情，乍看之下是件好事，事實上卻不是這樣。沒有引導或幫助，要自己為自己的生涯畫出方向，或下重要的決定是很困難的。這就是沙特說的「人類遭處以自由之刑」，屬於齊克果、海德格等人存在主義的系譜。第二次世界大戰後，在那個充滿不安和希望的時代，獲得全世界的支持。

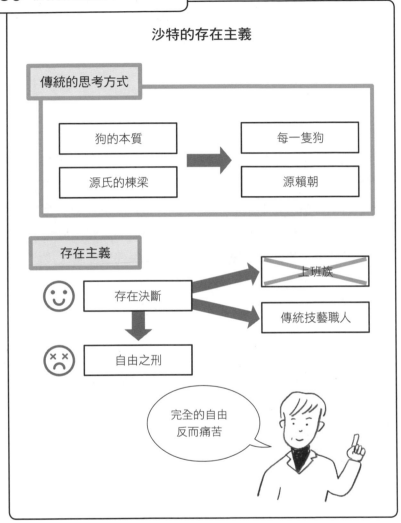

沙特的存在主義

傳統的思考方式

狗的本質　→　每一隻狗

源氏的棟梁　源賴朝

存在主義

☺ 存在決斷 → 上班族

傳統技藝職人

☹ 自由之刑

完全的自由
反而痛苦

重點解說 ▸ 豐富多樣的才能

沙特也寫出《嘔吐》（La nausee）之類的小說和《無路可出》（Huis-clos）之類的戲曲，和戀人西蒙・德・波娃（Simone Lucie-Ernestine-Marie-Bertrand de Beauvoir）[10]以及梅洛龐蒂、卡謬（Albert Camus）[11]等人的交遊甚為有名。

▶ 05

梅洛龐蒂
知覺現象學

　　沒有手腳的話，別說使用電腦了，連走路都成問題；沒有眼睛和耳朵的話，更是無法見聞。透過腸胃攝取的營養可供大腦活動，一旦空腹過久連腦袋都會停止運轉，所以沒有身體就不可能生活。

　　然而，自柏拉圖以來的西洋哲學長期的無視身體。首次對身體做分析的人是梅洛龐蒂，而且他的分析結果還非常驚人。

　　一般來說，我們會認為自己身體的界線就是皮膚，皮膚裡面包著的東西為身體。但是，視障人士的白手杖，可說是感覺器官的延續，這讓身體擴張到皮膚的外側。

　　通常我們都認為身體是由大腦控制，但這個想法也是錯的。騎腳踏車轉彎時會傾斜身體，但要何時、傾斜幾度，會根據角度大小和行進速度改變，為了準確計算，就算使用電腦也需要花上數小時。但是，實際上，就算不計算，身體也會自行移動，讓腳踏車轉彎。因應狀況而產生的必要動作，身體會自行為我們處理，因此我們具有專心於知識活動的自由，每個人都是肉身存在（Corporeal Existence）。

　　肉身存在會由偶然轉為必然，比方車禍失去右手後必須僅靠左手生活。車禍雖為偶然，但僅靠左手生活卻是必然。在這裡，偶然和必然之間互相對立的規定能夠同時成立。這叫做「不定性」，可說是現象學中唯一具體的展開。

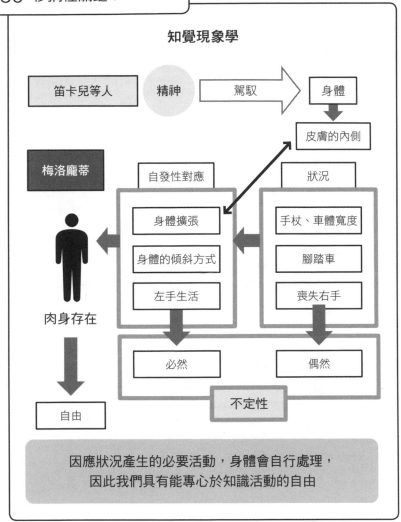

知覺現象學

笛卡兒等人　精神　駕馭　身體

皮膚的內側

梅洛龐蒂

自發性對應　狀況

身體擴張　手杖、車體寬度

身體的傾斜方式　腳踏車

左手生活　喪失右手

肉身存在

必然　偶然

不定性

自由

因應狀況產生的必要活動，身體會自行處理，
因此我們具有能專心於知識活動的自由

重點解說 ▶ 哲學影響了美術

周圍的物體和他人的身體、還有與自己身體的關係，這種細緻的分析除
了哲學，更給予1970年代的美國美術極大的影響。

▶ 01
科學和言語

　　二十世紀是將過去與生活牽不上關係的科學，透過技術反映並應用於實際生活的時代，例如以蒸汽機取代風力行進的大型船舶、煤氣燈因為電燈普及而逐漸消失。

　　同時間，探查物理學或天文學等自然科學的本質、追求科學推論中不可或缺的語言和邏輯、數學的所有式等相關哲學應運而生。

　　在英國，自中世紀末期奧坎的威廉等人開始，有洛克等經驗主義的傳統。進入二十世紀後，以此為基礎加上邏輯分析之類的元素，各種哲學派系產生，被稱為英美分析哲學。

　　建立分析哲學基礎的弗雷格和羅素，以及初期的維根斯坦等人，主要是在分析邏輯學和數學。

　　卡爾納普（Rudolf Carnap）[1]等被稱為維也納學派的人，結合邏輯分析和實證主義，提倡立基於科學之上的「邏輯實證主義」。

　　另一方面，後期的維根斯坦、奧斯丁（John Langshaw Austin）[2]和萊爾（Gilbert Ryle）[3]等，透過分析日常語言的用法，解決各種哲學問題的人被稱為「日常語言學派」。

　　奎因（Willard van Orman Quine）[4]提出了與科學知識相關的「實用主義」（Pragmatism），而奎因所代表的科學哲學（Philosophy of science）說明了科學並不是自然的反應，反而受社會情事所左右。

英美分析哲學的歷史

1861年	南北戰爭（～1865年）	1868年明治元年
1900年代	電燈和蒸汽機等開始普及	1912年大正元年
1914年	第一次世界大戰（～1918年）	
1922年	維根斯坦《邏輯哲學論》（Tractatus Logico-Philosophicus）	1920年加入國際聯盟，擔任常任理事國
1928年	卡爾納普《世界的邏輯構造》（Der Logische Aufbau der Welt）	1926年昭和元年
1939年	第二次世界大戰（～1945年）	
1949年	萊爾《心的概念》（The Concept of Mind）	1946年日本國憲法頒布，1949年湯川秀樹榮獲諾貝爾獎[5]
1951年	奎因《經驗論的兩個教條》	
1953年	維根斯坦出版期刊《哲學研究》（Philosophical Investigations）	
1955年	奧斯丁〈如何用語言做事〉（How to Do Things With Words）	1956年加盟聯合國

重點解說 ▶ 美國成為文化大國的理由

德國等地雖有無數的猶太裔學者，但因為納粹政權迫害，多數人橫越大西洋亡命他國，世界大戰後，美國成為超越歐洲的文化大國孕育之地。

▶ 02

卡爾納普
何謂「非科學」?

　　儘管「心靈科學」（psychic science）、「超常現象」（Paranormal）[6]、「集體潛意識」（Collective unconscious）或「順勢療法」（Homeopathy）[7]等都自稱為「科學」，但這些真的是科學嗎？探尋區分科學和非科學的基準就是卡爾納普的課題。

　　物理學等一般的科學理論，好比「自由落體法則」就是從自然法則衍生而來。發現這個法則的是伽利略，首先他訂立「降落速度與降落開始後經過的時間成比例」的「假說」。如果這個假設正確，則降落物應該產生「一秒後為一、二秒後為三、三秒後為六的距離」。但是，實際測量後它的距離更遠。所以假設錯誤，於是伽利略再設定第二個假說「降落速度與經過時間的比例為二倍」。也就是說，降落物應該產生「一秒後為一、二秒後為五、三秒後為十四的距離」。經過實驗，這次的結果如同假設，所以確定了「降落速度與經過時間的比例為二倍」這個法則。

　　假說的真偽可以透過實驗、觀察、觀測結果之間一對一的對應，來確保科學理論的客觀性。所以實驗結果如同預想的話則假說正確，與預想不同的話，可得知假設錯誤。

　　因此不管如何地自稱為「科學」，若不包含對應實驗、觀察、觀測結果的「法則」或「假說」，即為「非科學」。

　　和實驗等結果的對應，或者僅以基本的邏輯操作為科學基準的立場，就是「邏輯實證主義」。

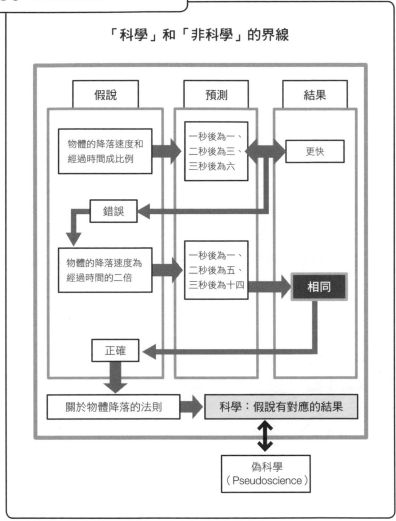

「科學」和「非科學」的界線

假說	預測	結果

物體的降落速度和經過時間成比例 → 一秒後為一、二秒後為三、三秒為六 → 更快

錯誤

物體的降落速度為經過時間的二倍 → 一秒後為一、二秒後為五、三秒後為十四 → 相同

正確

關於物體降落的法則 → 科學：假說有對應的結果

偽科學（Pseudoscience）

重點解說 ▸「界線」問題

科學和非科學的分界，是自洛克和康德以來近代哲學中的典型課題。順帶一提，將卡爾納普視為非科學典型的人為佛洛伊德和馬克思。

▶ 03

奎因
科學乃實用工具

假設約好見面的對象沒有出現，你也不知道對方的電話號碼。那麼你將會思考無數個原因，是自己或對方搞錯見面的地點或時間嗎？還是對方出了意外？這些想法只會讓心裡的不安越來越多。

奎因認為，其實科學家也會陷入同樣的狀況。某個天文學家觀測水星後發現，它的位置和事先計算好的軌道位置有偏差。計算軌道時，需要牛頓力學、行星間的距離、質量、行星數量等相當多的假說或輔助性假說（Auxiliary Hypotheses）[8]。只要其中一樣出錯，就會讓計算失敗。但是，雖然知道失敗了，卻搞不清楚是哪裡出了錯。卡爾納普說，假說和結果要能一對一對應，無法成立時，只能改正計算時使用到的所有假說或輔助性假說（「全面的改訂可能論」）。科學命題並非單獨存在，必須綜合整體來做驗證，這種思考方式稱為「整體論」（Holism）。

那名天文學家假設影響水星軌道的是未知的天體，但實際上，愛因斯坦的相對論就能說明水星軌道的偏移。他必須否定牛頓力學，儘管如此，不只是牛頓力學這種基本學問，透過否定某些前提來突破狀況，這種做法對科學家來說其實很正常。一旦否定基本法則，學問本身就無法成立。相反的，科學不過是人類溝通或說明自然現象的實用道具，這樣的思想稱為實用主義。

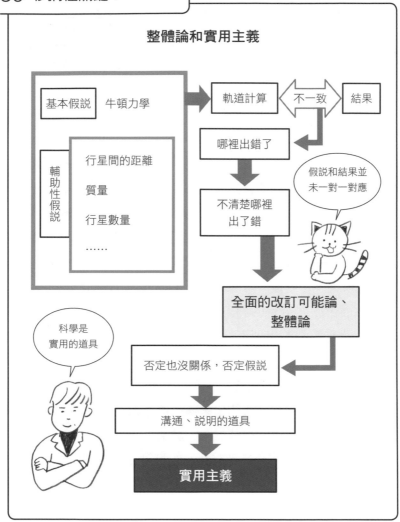

整體論和實用主義

| 基本假說 牛頓力學 | → | 軌道計算 | ◁▷ 不一致 | 結果 |

哪裡出錯了

輔助性假說
行星間的距離
質量
行星數量
……

假說和結果並未一對一對應

不清楚哪裡出了錯

全面的改訂可能論、整體論

科學是實用的道具

否定也沒關係，否定假說

溝通、說明的道具

實用主義

重點解說 ▶ 是否要否定輔助性假說

前面提到的天文學家是法國的勒維耶（Urbain Jean Joseph Le Verrier）[9]，他從海王星軌道的偏移預言天王星存在，並且實際命中。另一方面，水星軌道的偏移是由相對論證實的現象。

▶ 04
維根斯坦 「使用」 語言是怎麼一回事？

　　在工地現場，聽到「五根木條」的聲音，助手就會遞來五根木條。若是在檢查庫存的倉庫裡，剛剛的聲音就會變成數字被記錄下來。根據不同情況，行為的規則也會不同。針對犯罪搜查，懷疑對方說的話是理所當然的，但是母親若懷疑起喊著肚子痛的小孩，就無法好好育兒。科學實驗或會議、向人道歉等，日常生活中有無數種不同狀況下的規則，維根斯坦將此稱為「生活形式」（Form of life）。不同的生活形式，使用的語言和語言的使用方式或規則，也就是「語言遊戲」（Language-game）當然不同。

　　然而，如同否定的詞彙「糟糕」也許有一天會變成肯定的意思，語言遊戲的規則不具有必然性，所以無法規定語言遊戲的「本質」。「技法」這個詞，在網球和西洋棋中指的是完全不同的東西，同樣都是「遊戲」，但足球和紙牌的一人玩法也完全不一樣。就算是同樣姓氏的一家人，爸爸和兒子的鼻子很像、下巴不像；女兒和媽媽的眼睛很像、鼻子不像之類的，互相之間有些地方相似，但並非全員具有共通的特徵（「家族相似性」）[10]。「遊戲」也是一樣，會被稱為「遊戲」就是因為它們有某個地方相似，但不是所有叫做遊戲的都有共通的特徵，換句話說，這些「遊戲」的本質並不相同。

　　自柏拉圖開始，皆認為同名的東西共有本質的本質主義（Essentialism）是很自然的，但維根斯坦透過語言的分析予以否定（「反本質主義」），這也接著影響到德希達（Jacques Derrida）[11]的解構主義（deconstruction）[12]。

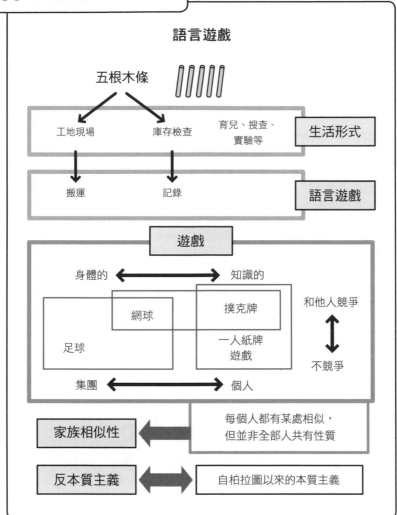

重點解說 ▶ 喜歡 B 級片的維根斯坦

維根斯坦出身維也納世家，哥哥保羅（Paul Wittgenstein）是極具盛名的鋼琴家。維根斯坦於第一次世界大戰從軍時，在壕溝中寫下主要著作《邏輯哲學論》。戰線無法往前推進時，習慣在隊伍最前排看 B 級片。

▶ 05
萊爾　哲學的難題
起因於詞彙誤用

　　哲學是讓大腦幾近竭盡腦汁的知識活動，但是為了思考就會使用語言。於是，誤用詞彙也是會隨之出現的事。

　　其中一項就是「範疇失誤」（Category mistake），以第一次前往大學為例，當為你導覽教學大樓、圖書館、體育場、辦公室等地方的人問你：「所以，大學在哪裡？」如果是高中，很明顯的，校舍也許就是該高中的場地。但是，「大學」不是建築物的名稱，而是由教授、行政人員和學生等共同形成的組織名稱。雖然大學屬於指涉對象的名詞，但它永遠不會屬於眼睛看得到的建築物這個範疇，而是眼睛看不見的組織這另外一個選項，然而提問的人卻不懂這一點。

　　對萊爾來說，自笛卡兒以後的心物問題不過是因為發生「範疇失誤」而出現的問題。笛卡兒的錯誤在於，預設某事情是形成「理性」、「誠實」等特徵的原因，並將之命名為「心」。能夠長時間潛水或是酒量很好，這些事情的原因在於肺臟和肝臟。但是，心算很強或對小孩很溫柔這些事情的原因就無法從身體裡的某處找到原因。因為溫柔之類的行為總稱，屬於另一種範疇，將二者混為一談就是範疇失誤。對笛卡兒來說，身體就是機器，但是「心」，也不過是「機器中的幽靈」，並不是集合式的存在。

　　透過詞彙的用法分析，雖不能解決心物二元論這個哲學難題，只能做些解釋，這可說是現代版的「奧坎威廉的剃刀」。

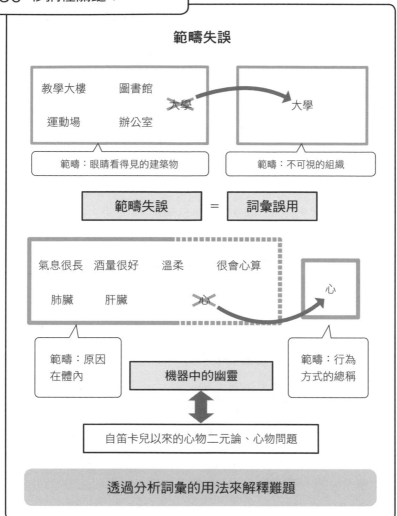

範疇失誤

| 教學大樓　　圖書館
運動場　　辦公室 | 大學 → 大學 |

範疇：眼睛看得見的建築物　　　　　範疇：不可視的組織

範疇失誤　＝　詞彙誤用

氣息很長　酒量很好　　溫柔　　很會心算

肺臟　　肝臟　　　心　→　心

範疇：原因在體內　　　機器中的幽靈　　　範疇：行為方式的總稱

自笛卡兒以來的心物二元論、心物問題

透過分析詞彙的用法來解釋難題

重點解說 ▶ 萊爾的同事

萊爾在牛津大學的同事奧斯丁認為，「熱」不是拿來記錄房間的溫度，而是希望或命令打開窗戶的行為，提倡「言語行為理論」（speech act theory）。

▶ 01

法國現代思想

　　一九三〇年代，在黑格爾、胡塞爾、海德格以及康德、馬克思、尼采、佛洛伊德等德國哲學的影響下，法國哲學也開始嶄露頭角，但在第二次世界大戰後，樣貌有了相當大的改變。

　　跟隨瑞士語言學家索緒爾（Ferdinand de Saussure）進行語言研究的李維史陀（Claude Lévi-Strauss）[1]，將「結構」分析導入了文化人類學。他所主張的「人類不過是結構的一項」，被稱為結構主義，而後影響了拉岡（Jacques Lacan）的精神分析、簡奈特（Gérard Genette）和班韋尼斯特（Émile Benveniste）的文本分析等，擴大到各種領域，風靡一世。

　　巴舍拉（Gaston Bachelard）[2]和岡圭朗（Georges Canguilhem）等人的「知識論」（Épistémologie）是法國獨有的科學哲學，也為傅柯等人的工作做了準備。

　　一九六八年，「五月革命」爆發後，德勒茲和瓜達希（Félix Guattari）[3]的《反伊底帕斯》（Anti-Oedipus）對一般讀者起了極大的影響，傅柯比起哲學在歷史學或文化人類學、社會學有更多影響；德希達的「解構主義」也影響了文學、歷史和法學等領域。

　　主張近代（modern）終結的議論「後現代主義」（postmodern），一開始是從建築的領域傳出來的，但經過李歐塔（Jean-François Lyotard）[4]等人，擴大到對近代的一般批判。

　　從熱力學等領域展開的「複雜系統」（Complex system）理論之類，直到現在還是能掀起各種議論，而後有超越自古希臘以來的哲學提問和概念，也就是「現代思想」（Contemporary philosophy）的登場。

	現代法國	日本
1906年	索緒爾「普通語言學教程」（～1911年）[5]	1904年日俄戰爭
1945年	第二次世界大戰終結	1946年日本國憲法頒布
1949年	波娃《第二性》	1949年湯川秀樹獲得諾貝爾獎
1950年	吉布森（James Jerome Gibson）《視覺世界的知覺》（The Perception of the Visual World）[6]	
1953年	巴特（Roland Barthes）[7]《寫作的零度》（Writing Degree Zero）	
1955年	越南戰爭（～1975年）	1956年加盟聯合國
1961年	列維納斯《整體與無限》（Totality and Infinity）	
1962年	李維史陀《野性的思維》（The Savage Mind）	
1966年	傅柯《詞與物》（Les Mots et les choses）	1964年東京奧運
1967年	德希達《書寫與差異》（L'ecriture et la difference）	
1968年	五月革命	
1972年	德勒茲和瓜達希《反伊底帕斯》	1973年第一次石油危機
1975年	傅柯《規則與懲罰》（Discipline and Punish）	
1978年	薩依德（Edward Said）[8]《東方主義》（Orientalism）	
1979年	李歐塔《後現代狀態》（La condition postmoderne），普里戈金（Ilya Prigogine）《混沌中的秩序》（Order Out of Chaos）	1979年第二次石油危機

重點解說 ▶ 領導戰後知識世界的法國

世界大戰後可以看到沙特等人的存在主義、1970年代以後的結構主義、後結構主義、解構主義等，法國在第二次世界大戰的知識世界，經常是思想的發源地。

▶ 02

索緒爾
詞彙是一種集合

　　「糟糕」這個詞過去只有負面意思，現在也會在表現肯定時使用。像這樣的語意變化是怎麼發生的呢？

　　「義經」是一個人的名字，那「右」又是如何？沒有「右」這個個體或概念，「右」是「左的相反」，只有在表現出和「左」的差異時它才有意義。這點在任何語言中都一樣，索緒爾稱此為各國語言（langue）的「示差體系」（caractère différentiel）。

　　過去木屐有區分下駄和雪駄，但現在的話，雪駄也會稱為木屐（下駄）。[9]

　　「下駄」之類的「記號」，能看到聽到的一面稱為「能指」（signifiant），表示意思範圍或概念的一面稱為「所指」（signifié）。延展金箔，則表面和裡面皆會擴張，能指和所指也會表裡一體的伸縮。這個伸縮是因為現實的言說活動（parole）而產生，並隨著活動而讓語言變動，二者根柢存在的語言能力即為「言語活動」（langage）。

　　不以固定意思或概念的實體為中心，索緒爾針對言說活動這種現實的語言使用中會靈活變化的示差體系為本質，這樣的判斷力影響了結構主義。

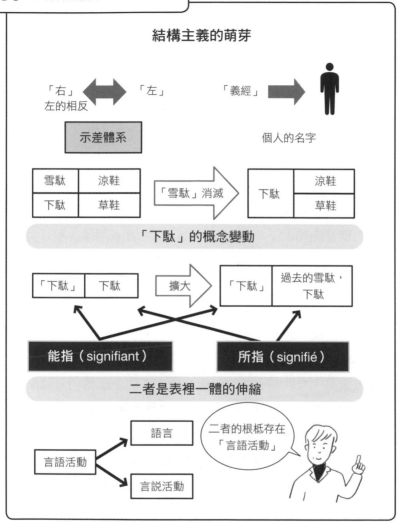

結構主義的萌芽

「右」◀▶「左」
左的相反

「義經」➡

示差體系

個人的名字

| 雪駄 | 涼鞋 |
| 下駄 | 草鞋 |

「雪駄」消滅 ➡

| 下駄 | 涼鞋 |
| | 草鞋 |

「下駄」的概念變動

| 「下駄」 | 下駄 |

擴大 ➡

| 「下駄」 | 過去的雪駄，下駄 |

能指（signifiant） 所指（signifié）

二者是表裡一體的伸縮

言語活動 ➡ 語言
言語活動 ➡ 言說活動

二者的根柢存在「言語活動」

重點解說 ▶「所指」和「能指」

所指來自動詞「signiflier」（表示）的過去分詞，用以表現被動。「所」和「所用」一樣是受詞，表現主動的現在分詞「signifiant」就是能指。

▶ 03

李維史陀
人類是結構的一環

　　關於親戚或家族間該如何來往，文前社會（原始社會）有著相當嚴密的規則。

　　在部落 A，孩子會與雙親、母親會與自己的兄弟一同行動，但是夫（父）與妻（母）、孩子與舅舅不會一同行動。在部落 B，孩子與舅舅、父母之間雖然親近，但母親與其兄弟、父母和小孩之間是疏遠的。「親／疏」的對立，看看部落 A 和 B 對關係的轉換就能了解。像這樣因為對立的改變而產生多種組合指的就是「結構」，針對親戚關係的形態只有四個種類。

　　舅舅是母親家族的代表，和舅舅的親疏意味著該女性與小孩屬於母方或父方家系。在部落 A，孩子屬於父方家系，女性則回歸原本的家族。而在部落 B，女性成為父方家系成員，孩子則跟隨母方家系。女性和子孫的交換系統，在同一部落內若隨家族不同而變動，就會成為爭執的開端，只有部落內全都採用同樣系統，不偏袒某方家系才能產生均衡部落整體的系統。

　　李維史陀以這樣的例子，來表示「原始社會」中也有合理的結構，不僅批判了歐洲中心主義（Eurocentrism）[10]，也表現出人類只是身為連自己也無法掌握的結構中一環，所有行動都受到規範來否定人類中心主義（Anthropocentrism）。

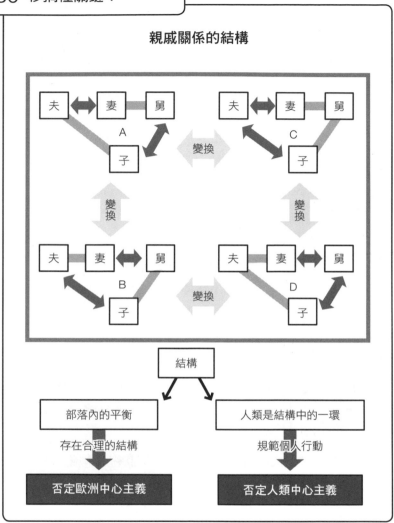

親戚關係的結構

結構

部落內的平衡　　　　　　　人類是結構中的一環

存在合理的結構　　　　　　規範個人行動

否定歐洲中心主義　　　　**否定人類中心主義**

重點解說 ▸ 親日的李維史陀

李維史陀是自 1977 年起前往日本五次的親日派，據悉從幼年時期就對歌川廣重等人的浮世繪有相當興趣，晚年更是喜愛日本古樂的魅力。

▶ 04

拉岡
如虛焦點存在的我

　　有句話叫做「找自己」，但是找尋「自己」是一件不論如何深入自己內心，最後卻什麼也找不到的事，這個原因存在形成自我的結構。

　　對嬰兒來說，統一的自我這種想法並不存在。隨著情況不同，母親的乳房碰觸嘴巴、母乳往口中迸出的觸感、空腹的痛苦和排泄的欲求、後背的疼痛等，每件事都只是片段的突然出現，然後再消失，嬰兒是「必須尋求他人幫助的存在」。

　　因為連自己的輪廓都還不清楚，嬰兒希望和母親是還未分開那樣的合為一體，是那樣地對母親有欲望，希望母親也像自己一般對自己有欲望。但是，母親的欲望不是朝自己展現，而是對父親有欲望，而且父親禁止自己對母親有欲望。

　　注意到這點的孩子會成為父親（A）希望的「好孩子」（a），和自己想像的母親（a'）締結關係，然後隱藏、壓抑自己原先的驅力（S）。

　　「L基模」（Schéma L）可以說明這個狀況，被壓抑的驅力S相當於佛洛伊德的「本我」，發動全體的A相當於「超我」，a則是「自我」。在佛洛伊德學說中還被確保為主體的自我，進入L基模這個結構後，就只是因為和其他項目之間的力學而形成的東西。所以不論你如何深入潛行自己的內心，也不會找到任何實質存在的東西。

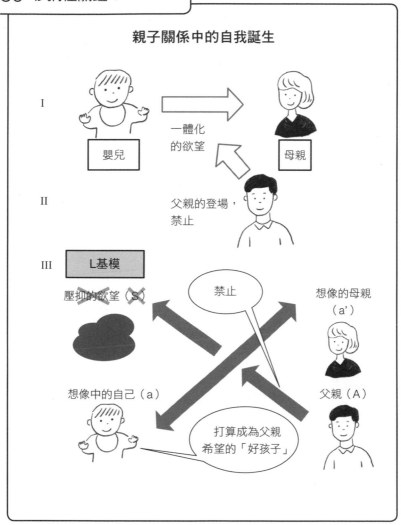

親子關係中的自我誕生

I 嬰兒 　一體化的欲望　 母親

II 父親的登場，禁止

III　L基模

壓抑的欲望（S）　禁止　想像的母親（a'）

想像中的自己（a）　父親（A）

打算成為父親希望的「好孩子」

重點解說 ▶ 索卡事件（Sokal affair）

使用大量數學公式的拉岡著作，成為亞倫・索卡（Alan Sokal）[11] 批評法國思想家濫用數學的著作《知識的騙局》（Impostures Intellectuelles）其中一個標的。

▶ 05

羅蘭・巴特
被符號包圍的存在

　　「松田聖子」不只是個人名，更是「永遠的偶像」。她所演唱的《風起》雖是一首描寫失戀的歌曲，卻象徵著1980年代，讓人聯想到堀辰雄[12]，她的歌聲和歌曲的旋律更是讓聽的人為之陶醉。

　　任何符號都是多層次的，而且每個人都是被那樣的符號所包圍。巴特將小說、廣告、職業摔角、汽車等大眾文化中的文字，透過符號學（semiotics）的分析展現出來。「松田聖子」這個能指（記號表現）和「偶像」這個所指（記號內容），雖是難以分開、無法區別、很自然的存在，但是巴特將此稱為「神話」。神話不僅是人為的，它的起源也會被遺忘、毫無疑慮的滲透至特定的世界觀。

　　符號和文字如同《蟹工船》，是「作者沒介入的事實」這種意識形態，相反的，想到是否產生了虛構的所指，就會變得像時尚雜誌那樣，浪費意味深長的符號表現，不明確表示「何謂時尚」，成為「沒有所指的能指」。另一方面，「松田聖子」雖是驅使解釋學（Hermeneutics）、符號、象徵、行為、文化等各種密碼而刻意製造的現實，但閱讀文字時是和作者意圖沒有關係的，讀者的悅樂乃誘發「作者之死」。

　　至於家族照片中亡母的眼神那樣，照片細節中刺穿觀者的「刺點」（Punctum），是誘發閱讀者或者是危害一般主體存立的「主體之死」。

　　符號就是如此重新組織世界整體的東西。

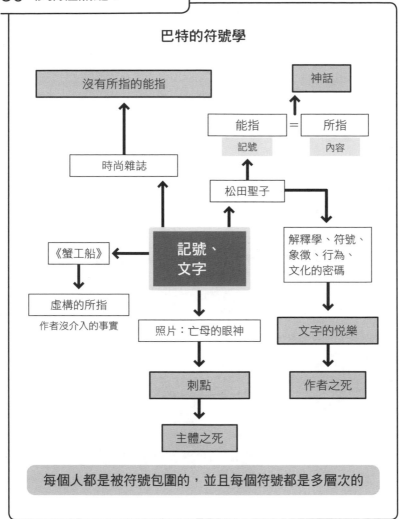

巴特的符號學

沒有所指的能指

神話

能指 ＝ 所指
記號　　　 內容

時尚雜誌

松田聖子

記號、
文字

《蟹工船》

解釋學、符號、
象徵、行為、
文化的密碼

虛構的所指
作者沒介入的事實

照片：亡母的眼神

文字的悅樂

刺點

作者之死

主體之死

每個人都是被符號包圍的，並且每個符號都是多層次的

重點解說 ▶ 羅蘭‧巴特與日本

1966年以後到訪過日本數次，留下這樣的日本論：相對於被意義填滿的歐美，大都市東京正中心的皇居，它所代表的空白等是從意義中被解放的自由、是「帝國的符號」。

▶ 01

傅柯之一
藏於文明的「構造」

　　哺乳類的肺和魚類的鰓，雖然表面上形狀不同，但因為都是吸取氧氣的呼吸器官，在功能上被視為同一種類。但是，十八世紀的「博物學」不只確立了現在仍在使用的林內（Carl von Linné）[1]植物分類學，鰓和肺也被判定為沒有關係，而且鳳凰螺（Conch）的化石更是與其毫不相關，被視作古代動物的心臟化石。

　　這是因為，十八世紀的人被那個時代的視線結構所拘束。他們的視線僅停留在事物的表層，只在意表面上的類似點，看不見事物深層的「器官」、「組織」、「功能」。傅柯認為，注意力會擺在「表面上的類似」或「深層的機能」，全由那個時代的「知識基礎」和「知識體系」（Episteme）來決定。知識基礎和知識體系指的是讓知識探究和言論成為可能，或是限定為知識構成。

　　十九世紀時，在研究生命或語言、經濟的時候，會提到「活著的人」、「說話的人」、「工作的人」，於是「人類」這樣的存在誕生。「文藝復興」或是「康德」、「沙特」等，在歐洲成為中心概念的「人類」不過是十九世紀的產物，而且經過李維史陀等人的結構主義還被消滅了（「人之死」）[2]。

　　李維史陀的結構是來自文前社會，而其實，歐洲以及學問領域都是由結構所支配。

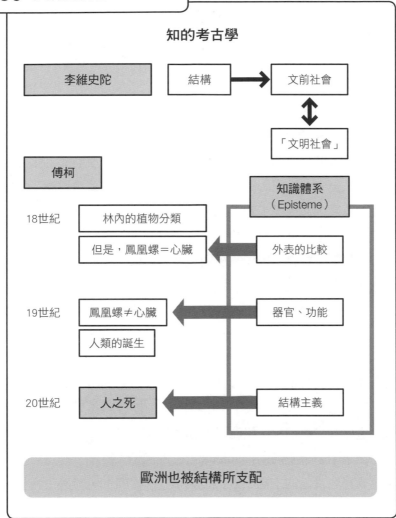

知的考古學

李維史陀 → 結構 ⟶ 文前社會

「文明社會」

傅柯

18世紀　林內的植物分類

但是，鳳凰螺＝心臟 ← 外表的比較

知識體系（Episteme）

19世紀　鳳凰螺≠心臟 ← 器官、功能

人類的誕生

20世紀　人之死 ← 結構主義

歐洲也被結構所支配

重點解說 ▶「文藝復興」是十九世紀的產物

「文藝復興」這個時代區分是由十九世紀的歷史學家米榭勒（Jules Michelet）[3]所提出，十四至十六世紀的作家，並沒有任何一個人認為自己是文藝復興運動的一員。

12

創造人類的構造

▶ 02

傅柯之二
「主體」這個虛構

夏目漱石等日本近代的知識份子為「近代的自我」這個問題所苦，自己決定自己的事，這種歐美的主體性是日本人所沒有的。但是，若讓傅柯來說，肯定會認為這是個沒有意義的煩惱。

十八至十九世紀，近代國家成立後，全體國民皆經歷了學校教育或軍隊，甚至是工廠等職場。因此每一個人都進行了整列行進訓練等身體行動，遵守時間區隔學會時間管理，為了成績或席次努力學習。學會了學校的規則或教科內容，就能進入更好的學校或工作地點，並得到配偶。所以每個人皆溫順的接受各種規則，並將之內化為規律，控制自己。全體國民就像這樣被標準化，並透過標準化保有秩序，此乃「生命權力」（bio-pouvoir）[4]。

進入十九世紀後，與性相關的規則出現。對成年男女以外的人產生性慾會被叫做「變態」，而且據說錯過婚期的女性會變得「歇斯底里」（Hysterie）。此時出現了性行為和生產的指導書籍，這樣的「性言說」規範了人類的欲望。

法語中表示主體的「Sujet」，在古代是「臣子」的意思。被認為是自我責任的主體「近代的自我」，實際上，透過生命權力和性言說，不過是為了標準化其行動和欲望而創造的東西。所謂「自我」，乃是遵從規律的「臣服體」（sujet）、「用小寫 s 開頭的主體」。

「近代的自我」不過是幻想。

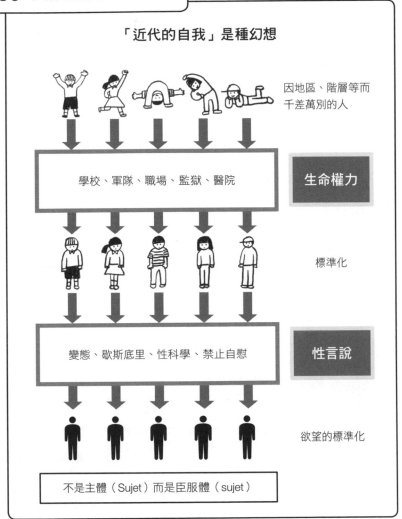

「近代的自我」是種幻想

因地區、階層等而千差萬別的人

學校、軍隊、職場、監獄、醫院　**生命權力**

標準化

變態、歇斯底里、性科學、禁止自慰　**性言說**

欲望的標準化

不是主體（Sujet）而是臣服體（sujet）

重點解說 ▶ 傅柯的「言說」（Diskurs）

一旦「變態」被視為學問真理，就會養成專科醫生（制度化），收監該人物（掌控），傅柯將一體化制度和支配的真理稱為言說。

▶ 03

德希達
解構西洋哲學

　　雖然有「女子大學」和「女警」這樣的稱呼，但我們不會說「男子大學」或是「男警」。這裡潛藏著古老的思想，認為大學或警察都是男人所有。

　　這和不分優劣的「左右」不同，「男女」和「真偽」這樣的詞被認定，前項較後項優越、後項較前項劣等。這種有排序的相對概念，德希達稱之為「二元對立」（dichotomy）。

　　柏拉圖的「理型／現世」、盧梭的「自然／人為」，乃至「起源／複製」、「善／惡」、「美／醜」、「精神／物質」、「理性／激情」、「歐洲／非歐洲」等，全都是二元對立。

　　柏拉圖確實說過理型是現實世界萬物的模型，但是實際上能夠看到、摸到的只有現實存在的萬物，理型是因為有了和現實世界的對比才成為可能的規範。在二元對立中，先存在的其實是後項，前項不過是衍生物，戳破前項比較優越的說法。

　　再者，理型與現世、起源與複製，是基於所有事物都有起源、根據、目的這種存在—上帝—目的—太初論（arkhē）；邏輯或合理性都能用語言找到的邏各斯中心主義（logocentrism）；「男／女」則是男性優勢的陽具中心主義（phallocentrisme）；「歐洲／非歐洲」是歐洲中心主義等，這些都是形成西洋哲學骨幹的思考法基礎。

　　然而，二元對立不過是錯覺。德希達揭露了這點後，拆毀了歐美的形上學，形成「解構主義」。

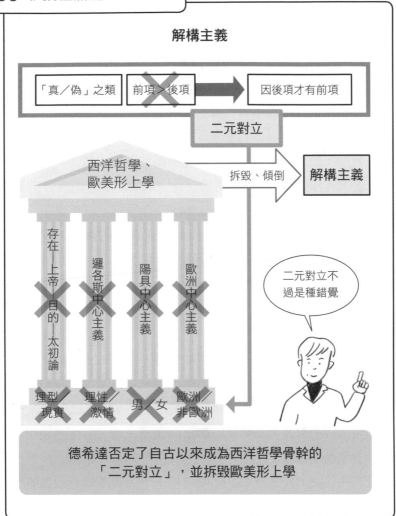

解構主義

| 「真／偽」之類 | 前項 ✕ 後項 | ➡ | 因後項才有前項 |

二元對立

西洋哲學、
歐美形上學

拆毀、傾倒 ➡ 解構主義

存在─上帝─目的─太初論 ✕

邏各斯中心主義 ✕

陽具中心主義 ✕

歐洲中心主義 ✕

理型／
現實 ✕

理性／
激情 ✕

男／女 ✕

歐洲／
非歐洲 ✕

二元對立不
過是種錯覺

德希達否定了自古以來成為西洋哲學骨幹的
「二元對立」，並拆毀歐美形上學

重點解說 ▸ 解構主義是後結構主義

因為李維史陀的變換說而成就結構的二元對立被德希達給拆毀，而「邏
各斯」（logos）是表示宇宙法則或理性的希臘語。

▶ 04

德勒茲
掙脫所有桎梏

　　遊隼是前日本陸軍戰鬥機或藍色列車（Blue Train）、宇宙探測機的名稱，帶有敏捷的老鷹這種意思。但是在最近，透過基因分析得知，遊隼是看似老鷹，卻和鸚鵡的關係比較相近。

　　動植物的分類是以「動物」、「植物」等，從大方向到各個種類進行樹狀結構（tree structure）的分析，但事實上，腐敗的植物會成為細菌的養分，肉食動物或人類的體內若沒有真菌（fungi）也無法存活。任何的個體在分類上都與其他相異種類的個體有關係，生活在逃逸線（ligne de fuite）[5] 橫跨樹狀結構並四處縱橫延伸的「塊莖」（Rhizome）構造中，遊隼就是其中極端的例子。

　　另一方面，營養攝取和經濟活動等，所有的一切舉例來說就像母乳和嬰兒的嘴巴、以物易物的布和米，是二項關係的連鎖。只要嬰兒的欲望持續下去，為了填補欲望，母乳就會持續被消費，而這個消費會因為嬰兒的欲望而繼續生產。整個連鎖說起來就是「生產的欲望」，而交換的對價若有剩餘，迴轉到設備投資等處，完成錢滾錢的資本系統後，接下來，資本就會成為產生消費和欲望、生產、金流的來源。資本只存在於帳本之上，沒有實體也沒有接合點，是能產出生產的欲望其各種連鎖的「無器官身體」（Body without organs）。

　　找到所有分類中，橫跨生產欲望動向的逃逸線，打破無器官身體之時，就能跨越資本主義。學生革命之際，德勒茲的思想獲得學生狂熱的支持。

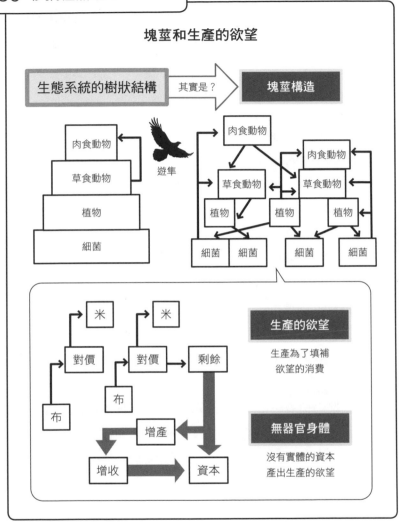

塊莖和生產的欲望

生態系統的樹狀結構　其實是？→　塊莖構造

肉食動物
草食動物
植物
細菌

遊隼

肉食動物
肉食動物
草食動物　草食動物
植物　植物　植物
細菌　細菌　細菌　細菌

米　米
對價　對價　剩餘
布　布
增產
增收　資本

生產的欲望
生產為了填補
欲望的消費

無器官身體
沒有實體的資本
產出生產的欲望

重點界說 ▸ 德勒茲和瓜達希

德勒茲初期發表與休謨等人相關的著作，晚年則針對自身思想寫作，
《反伊底帕斯》等是與精神科醫師的友人瓜達希共同寫下的作品。

▶ 05

列維納斯　一切都來自絕對他者的給予

感覺羞愧之時，若被某個人盯著看就會心跳加快。據說被處以槍殺的受刑人之所以要蒙上眼睛，就是因為行刑人無法看著受刑人的眼睛扣下扳機。

路旁的幼貓，如果用一副被丟棄、無辜的眼神看著你，肯定無法棄之不顧吧。說不定只要照顧了牠一次，往後就會持續為了那個孩子付出。像這樣，以臉龐做出回應時，就會產生對他者的無限責任。

以臉龐回應我，則我在違背了那份回應時會感覺到羞恥。羞恥是會讓自己覺得可憐、產生想逃走的衝動，列維納斯認為，一旦羞恥的感覺湧現，自己的內心又會崩毀、形成空無，不得不尋求超越自己的東西。會如此朝向自己強要無限責任的臉龐的，是絕對他者。

因為絕對他者只會讓我背負無限責任，他者與我的關係是非互相、非對稱的。在這個時候，我已經不是康德那樣自律的人格了。

基督教認為，人類史會在最後的審判完結，笛卡兒則將世界整體當作認識對象，康德的理性人格普遍來說被視為適合做為立法的主體。列維納斯批判這些全是從說話者的角度出發，為所有事情加上意義，是「整體性」的形上學。傾向絕對他者的列維納斯，顛覆了整體性的形上學，乃至整體西洋哲學。

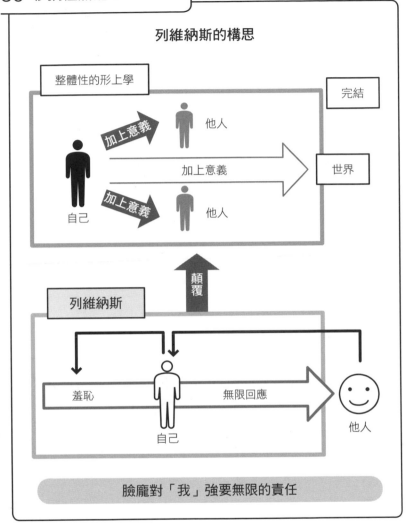

列維納斯的構思

整體性的形上學

完結

加上意義

他人

加上意義

世界

自己

加上意義

他人

顛覆

列維納斯

羞恥

無限回應

他人

自己

臉龐對「我」強要無限的責任

重點解說 ▶ 逃過猶太人大屠殺（The Holocaust）的列維納斯

列維納斯是生於立陶宛的猶太人，他是從納粹德國的滅絕營
（Vernichtungslager）出來的生還者。但在他眼中，存在不是恩寵，而是
恐懼與殘酷。

李歐塔　後現代主義

　　直至1980年代，讓自身至少能散發豐富的知識與感性被視為理所當然的，沒有必要教養的人應該「感到羞愧」。那時的經濟成長或技術進步等，社會整體都處於飛躍性的成長。但是到了1990年代，風向改變了。

　　十九世紀後半，進步史觀[1]讓世界各地同時發生多起的「現代主義」（近代）。康德的啟蒙主義強調人類的自律和價值普遍性、將人的解放視為目標的馬克思主義、促進「自我實現」（self-realization）的浪漫主義等，各地都在談論著「大敘述」（Grand narratives）。

　　1990年代初、冷戰終結後，這種理想和進步的信賴度喪失，宣告了「大敘述」之死，此時進入「後現代主義」。

　　在近代，聰明、有教養的大人是理想型態。在普世價值失效的後現代主義中，無法一體適用何謂特定的價值，因可共量性（Commensurability）而必須與異質關係接近。儘管掌握整體這件事已不可能，卻也讓性質相異的二者互相衝撞，隨處產生超越預想的第三種可能性開始出現。

　　康德稱凌駕滿天星斗或閃電等人類想像力的東西為「壯美」（Sublime），放在後現代主義，無法掌握整體的無限連鎖，正是壯美的機制。

　　德希達的解構主義，還有女性主義（feminism）、後殖民主義（Postcolonialism）、新實用主義（Neopragmatism）等都是後現代主義的思想。

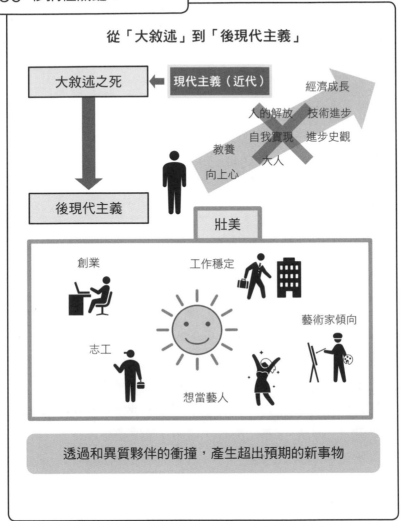

重點解說 ▸ 何謂「現代主義」？

「現代主義」（近代）雖然指的是切斷過去的新時代，但實際上說來，工業資本主義（industrial capitalism）、民族國家（Nation state）、國民自衛軍（Garde Nationale）、帝國主義（Imperialism）是「近代」的必要條件。

▶ 02

女性主義

　　不應該因為性別而有差別待遇之類的事，到了現在已經是常識。然而，「女／男」到底地位是如何變化的？女性主義雖然是以男女之間的差異作為問題，但其主張也隨著不同時期而產生變化。

　　自十九世紀末到二十世紀前半的女性主義，是主張參與政治或財產、勞動、教育等方面應該性別平等（Gender equality）的權力擴大運動。

　　從1960年左右開始的「第二波女性主義」，可以西蒙・德・波娃的「女人不是天生的，女人是變成的」這句話來總括。「女性氣質」這個「社會性別」（Gender），也就是說，女性的行動或倫理規範，其實只是因為文化或社會關係而形成的，其根柢是男性為了方便以自己的角度或制度而做出的基本命題。

　　具體來說，女性主義揭露了「母性」或「賢妻良母」不過只是單純的「神話」，使「共存」這個女性原理得以確立。此外，以女性為中心的「人類性行為」（性活動的嗜好）和「同性戀」（homosexualism）也受到擁護。

　　儘管如此，雖然同樣稱為「女性」，但依照階級或教育、出身家庭、出身文化、經濟條件等，還是不會一樣。1990年代以後，只要是女性全都一樣的「本質主義」受到批評。這樣的結果讓朱迪斯・巴特勒（Judith P. Butler）等人主張，任何人都是在共同體中透過實踐和多種行為態度而形成、構成的「結構主義」被認同。

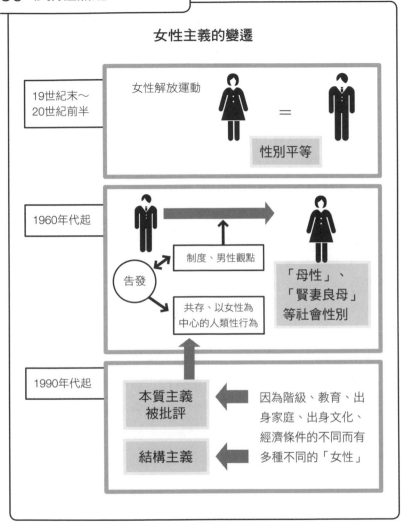

女性主義的變遷

19世紀末～
20世紀前半

女性解放運動

＝

性別平等

1960年代起

制度、男性觀點

告發

共存、以女性為
中心的人類性行為

「母性」、
「賢妻良母」
等社會性別

1990年代起

本質主義
被批評

結構主義

因為階級、教育、出
身家庭、出身文化、
經濟條件的不同而有
多種不同的「女性」

13

後現代主義

重點解說 ▶「母性」的誕生

「母性」和「賢妻良母」是神話，在十八世紀的法國，小孩送給別人養是
很正常的。「母性」之類的詞彙，不過是男性為了改變那個風潮而創造
的神話。

詹姆斯・吉布森
環境賦使

　　若你的腳邊就是懸崖，肯定會想都不想的往後退。如果遇到高度到腰的平台就會坐下，若是高度到達手肘，就會自然地擺上東西。腳邊如果有小石子的話，也會想踢它吧！

　　我會做出什麼事，全是因為周圍的環境所誘發，提供（afford）環境、誘發行動的性質就是環境賦使（Affordance）。

　　吉布森說，環境賦使是環境實際存在的性質。因為環境的各細節中有相異的環境賦使，每個人才會浸淫在充滿環境賦使的「環境光」（ambient light）之中。

　　而且，因為有了環境賦使，人體不需依靠頭腦思考就能直接做出反應。走在山路上，沒有人會一一確認道路的細節形狀或性質才做出對應。視覺及觸覺資訊不會先送進大腦中樞進行資訊處理，再將指令送至掌管步行的運動神經，而是環境的接合點和身體運動之間直接做出對應。

　　製作自律行動機器人時，如果遇到斜面，將環境相關的資料送到中央電腦處理後再對足部指示的做法是行不通的。因此最近的做法是，讓四肢直接對環境做出反應，找到適當的行動方式。將環境與身體運動連成一體成為自我組織，這就是環境賦使的系統。

　　讓環境和身體透過自我組織化，產生處於同一環境的秩序，即為環境賦使理論。這個理論從根柢否定了必須一一認識以自己為對象的傳統「知識論」，還有主觀／客觀圖式。

環境賦使

環境光

平台

放東西

椅子　坐

直接作用　→　←　直接作用

踢　　後退

小石子

懸崖

讓環境和身體形成自我組織的場所＝環境賦使

13

後現代主義

重點解說 ▶ 環境賦使和吉卜力工作室

在拿起杯子前，加入先確認杯子位置和大小的干擾動作。吉卜力電影中的世界，有像這樣忠實重現干擾動作的地方。

▶ 04
複雜系統
秩序的誕生

　　你知道破窗理論嗎？這個理論在說，如果街上的櫥窗破了，或有人在街上塗鴉，這件事會成為讓其他人想模仿的理由，於是街道越來越髒亂、治安越來越差，而這個理論的原理來自複雜系統。

　　加熱液體或氣體時發生的對流也是複雜系統，因為熱力而變得溫暖的下方水分子，其能量增強後，活動將更加活潑，也因此，比重會比上方的水分子較輕。於是，上方的水下降、下方的水上昇，對流就是這樣發生的。對流是由許多水流形成，從上往下看，會看到蜂巢一樣的蜂巢結構（Honeycomb structure）。它的位置和大小很穩定，那是因為後來的水分子會跟上已經出現的水流。

　　水分子或居民等微小的行動，都是因為對流或景觀惡化這種巨大構造所產生。巨大構造一旦出現，就會誘發、控制微小的行動，並透過這點，使巨大構造能夠再生產與強化。透過這種回饋（Feedback loop）的自我複製（Self-replication）過程，就不需要設計師或設計圖了。全部都是自我組織系統（self-organizing system），哪裡會發生治安惡化或產生水流，都是被偶然決定的。對流的「元素」並非一開始就存在水中，是巨大系統所「排出」（自我創造）。複雜系統是，因為回饋而偶然、排出的自我組織系統。

　　雖然是從熱力學等衍生出來的理論，但是社會和歷史也是巨大的複雜系統，這個理論也成為思考世界起源的大發現。

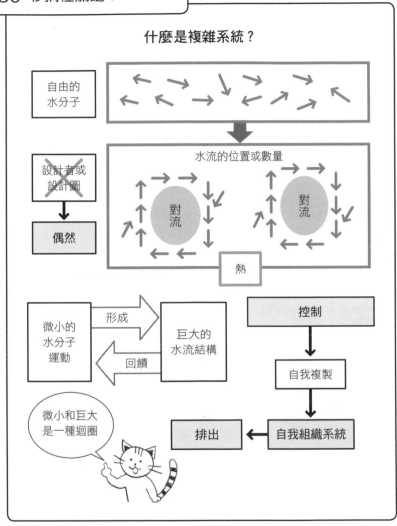

什麼是複雜系統？

自由的
水分子

設計者或
設計圖

偶然

水流的位置或數量

對流

對流

熱

微小的
水分子
運動

形成

回饋

巨大的
水流結構

控制

自我複製

微小和巨大
是一種迴圈

排出

自我組織系統

重點解說 ▶ 哲學和複雜系統

尼采和謝林是思考出複雜系統之際的關鍵，康德和史賓諾莎，還有重視
禮要發自內心的孔子也能看出它們有複雜系統的發想。

▶ 05
薩依德
對東方主義的批判

即使到現在，到歐美旅行時，因為是亞洲人這種理由，還是會造就不利又不舒服的回憶，歐美人士表現出這種態度的背後原因來自東方主義。

十八世紀末，歐美人士對「東洋人」建立了「好色、懶惰又身體虛弱，連自己的文化或地理這種學術研究，以及營運獨立國家的智慧都沒有」這種印象。歐美學者經過調查印度或中東等地的語言和地理之類的建立「東洋學」，而後歐美的政治家就以此為基礎，認為沒有政治能力的「東洋人」應該由「白人」作為殖民地控制，這對他們來說反而是種恩惠。

這種將印象（「表象」）和學問、大學和行政制度與掌控殖民地形成的套裝組合就是「東方主義」。

「東洋」（東方）或「亞洲」指的是從博斯普魯斯海峽到日本中間的區域，將這麼廣闊的區域一概而論，不論在地理上、政治上、宗教上、語言上、民族上、經濟上、文化上、歷史上等，都沒有相對的根據，「東方」不過是「歐美人腦中自行製造的形象」。

而且，所謂的東方主義也只是為了以「我們不像它們東洋人士懶惰、好色又沒知識」這點建立自己「歐美人」的身分，屬於德希達的二元對立。

東方主義不只歐美人信從，許多日本人也盲目的認定西方比較好這種東方主義，非常可惜。

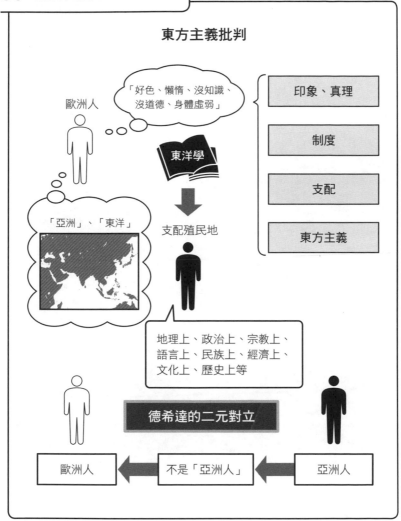

東方主義批判

歐洲人

「好色、懶惰、沒知識、沒道德、身體虛弱」

東洋學

印象、真理

制度

支配

東方主義

「亞洲」、「東洋」

支配殖民地

地理上、政治上、宗教上、語言上、民族上、經濟上、文化上、歷史上等

德希達的二元對立

歐洲人 ← 不是「亞洲人」 ← 亞洲人

重點解說 ▶ 亞勝於歐

弗蘭克（Andre Gunder Frank）[2]在其著作《白銀資本》（ReORIENT）揭露了，直到十八世紀，歐洲對亞洲的貿易數字經常處於赤字狀態，不論技術或學問上都是亞洲更勝一籌。

第 **4** 部

10 hours ✓

philosophy

東洋哲學

▶ 01

印度與伊斯蘭

　　東方主義批判已被確認為德希達二元對立的「西洋優越」，事實上，十八世紀之前的東洋，比西洋擁有更高度的文明和經濟狀態。為了思考自己的人生，還有世界和生活是什麼，除了西洋知識，也需要特別放眼東洋的智慧。以下各章將討論東洋的思想，而本章將主力放在印度與伊斯蘭。

　　德國哲學家雅斯培（Karl Jaspers）[1]將誕生諸子百家、佛教、猶太教、希臘哲學的西元前五百年左右為主要討論基礎的時期稱為「軸心時代」（Axial Age）。因為這是個許多「先哲」登場，人類在精神上覺醒的時代。

　　但是，西元前九世紀的印度已出現《奧義書》（Upanisad）[2]，並以婆羅門教（Brahmanism）為掌控社會的原理。西元前六至五世紀，許多的城邦（City-state）成立，在工商業發達、貨幣經濟普及後，出現了被稱為剎帝利（Kshatriya），以貴族和商人為中心的社會，他們取代了以婆羅門為中心的農村社會。在這個狀況下，以筏馱摩那（Vardhamana）[3]的耆那教（Jina）為首，許多的思想和宗教誕生，釋迦牟尼（佛陀）的佛教也是其中之一。之後，佛教傳播到東南亞、東亞、西藏。

　　西亞的話，最遲也是在西元前六世紀出現以《波斯古經》（Avesta）為經典的瑣羅亞斯德教（祆教），影響了猶太教和基督教的善惡二元論。此外，七世紀時伊斯蘭教誕生，建立了從中亞至伊比利半島這樣的大帝國。

印度與伊斯蘭的歷史

	印度與伊斯蘭	歐洲
前9世紀	《奧義書》	
前6世紀	瑣羅亞斯德教、諸子百家	前7世紀《耶利米書》（Book of Jeremiah）
前5世紀	佛教	
前4世紀	阿育王[4]	古希臘哲學
1世紀		基督教
200年左右	龍樹菩薩（Nāgārjuna）[5]	
5世紀	世親論師（vasubandhu）[6]	354年奧古斯丁誕生
7世紀	伊斯蘭教	
11世紀	小乘佛教	12世紀經院哲學

14

東洋的智慧一

重點解說 ▶ 十一世紀的貿易與亞洲思想

雖然中國、印度與歐洲締結的貿易關係自古以來就存在，但在十一世紀達到最高峰。這時期也是小乘佛教普及至東南亞，南宋朱子學登場的時候。

▶ 02

奧義書　和宇宙合一

　　婆羅門的教義中提到，死後必會見到梵天（Brahman）[7]。梵天會提問：「你是誰？」據說只要能好好回答就能得到解脫，但要怎麼回答才是好好回答呢？

　　根據《奧義書》，死後的世界分成脫離輪迴的「神道」和前往月世界的「祖道」（「二道說」）。前往月世界的人，將隨著生前善行的多寡而停下，償還完罪刑後會再度轉生地上。

　　支撐這種世界觀的是，位於現象界背後、宇宙萬物的根本、唯一真實存在的「梵」（Brahman），以及每個人心中、提供生命和活力、恆常不變的存在「真我」（atman）這二大原理。因為真我是恆常不變的，人類會被永遠的「輪迴」賦予命運。但是，人類和宇宙有著小宇宙（Mikrokosmos）和大宇宙（Makrokosmos）的關係，所以真我和梵實為一體。

　　若對「梵我合一」的事態有自覺，人就能解脫，離開輪迴。換句話說，關於前面那個提問，只要回答「我就是你」就夠了。

　　《奧義書》於西元前六世紀左右完成，是婆羅門教的聖典《吠陀》其中一部分。規範民眾生活的社會、道德規範稱為「法」（Dharma），決定死後命運的生前善行稱為「業」（karma），這個看法影響了叔本華。

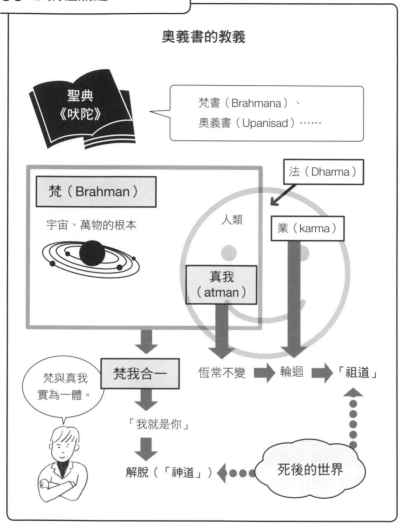

奧義書的教義

聖典
《吠陀》

梵書（Brahmana）、
奧義書（Upanisad）……

梵（Brahman）

宇宙、萬物的根本

法（Dharma）

人類

業（karma）

真我
（atman）

梵與真我
實為一體。

梵我合一

恆常不變　➡　輪迴　➡　「祖道」

「我就是你」

解脫（「神道」）◀●●●　死後的世界

重點解說 ▶ 虛構的雅利安人（Aryan）

印歐語系的雅利安人自北方侵入印度，將原住民置於種姓制度（Caste）
最下層，這些過去的看法到了現在已被懷疑其真實性。

▶ 03

佛陀
離開人生這樣的苦

　　人生在世都會為生病或老去所苦，或者與所愛之人分別，必須徹底放棄想要的東西。因為人生像這樣充滿苦惱，所以出生一事本身也是一種苦（「生老病死」）。而且因為存在著輪迴，苦只會永不間斷。目睹此一現實的佛陀，摸索著脫離苦海的方法。

　　存在生老病死和輪迴的現實乃「一切皆苦」，所有的一切都會不停變化，沒有可依賴的實體（「諸行無常」）。因此，也否定了《奧義書》中梵與真我乃不變的存在（「諸法無我」）。涅槃才是真正的安寧（「涅槃寂靜」），而一切皆苦、諸行無常、諸法無我、涅槃寂靜這四點就是「四法印」（四個真理之印）。因為諸法無我，自己不過是物質或感覺、想像、意志、思維等的片段（「五蘊」）。

　　又因為無知（「無明」）此現實，執著於自我的不變（「渴愛」），造成苦與輪迴。

　　想要從中得到解脫，首先必須頓悟（「集諦」，「諦」乃悟得真理）自無明而生（「緣起」）的連鎖，也就是渴愛。同時，必須體悟一切皆苦的現實（「苦諦」）。其後，透過端正意見或話語、行為、生活、修行等「八正道」來實踐「道諦」，如此脫離苦海即得「涅槃」（「滅諦」、「四諦八正道」）。

　　不認同實體的這種思想，是歐洲人懼怕的「虛無思想」，影響了叔本華等人。

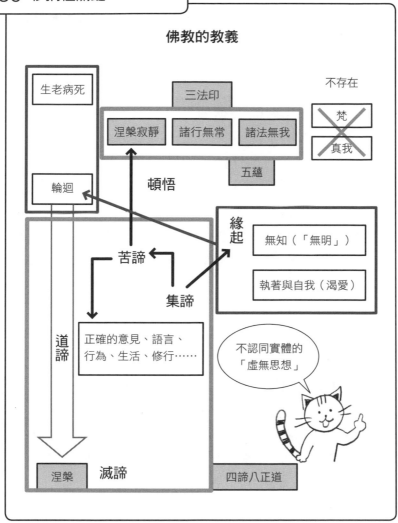

佛教的教義

生老病死

三法印

不存在

涅槃寂靜　諸行無常　諸法無我

梵

真我

五蘊

輪迴

頓悟

緣起

無知（「無明」）

苦諦

集諦

執著與自我（渴愛）

道諦

正確的意見、語言、
行為、生活、修行……

不認同實體的
「虛無思想」

涅槃　滅諦

四諦八正道

14

東洋的智慧 —

重點解說 ▸ 佛陀的名字

原為釋迦族（Śākya）的王子喬達摩‧悉達多（Gotama Siddhattha），「釋
迦摩尼」意思是「釋迦族的聖者」、「佛陀」意思是開悟的「悟道者」。

▶ 04
小乘佛教與大乘佛教
自用車與公車

　　佛陀入滅後一百年，「僧伽」（saṃgha）這樣的僧侶集團分成只為自我解脫的派系和提倡大眾解脫的派系。前者稱為「小乘」（個人的車子），後者稱為「大乘」（眾人的車子）。

　　依據大乘佛教的定義，每個人都可以因為慈悲成為「求道之人」，也就是「菩薩」，而菩薩經過布施、道德、忍耐、靜慮等修行，也就是「六波羅蜜」後成佛。

　　這個六波羅蜜的核心，就是大智慧「般若波羅蜜」。《般若經》（Prajnaparamita）於西元前一世紀完成，世間流傳著身為救世佛的阿彌陀信仰。

　　確立大乘佛教的龍樹（150-250年）認為，一切起源於般若波羅蜜，切無故有實體，所有一切都是「空」，又因為闡述排除極端的「中道」，被稱為「中觀派」。

　　另一方面，依照世親（400-480年）等人的說法，所有一切皆由心而生。意識是由基層的「阿賴耶識」（ālaya-vijñāna）加上感覺、認識、自我的重疊而產生的多層結構，可透過瑜珈淨化意識，最後得道（「唯識派」）。

　　闡述「所有生物皆有佛的本性（佛性）」的《大部涅槃經》（Mahāparinirvāṇa Sūtra）對東亞產生了極大的影響，七世紀時，信奉大日如來，闡述涅槃或解脫可於現世達成的即身成佛，帶有強烈神祕主義，咒術色彩的「密教」（Vajrayana）[8]成立。

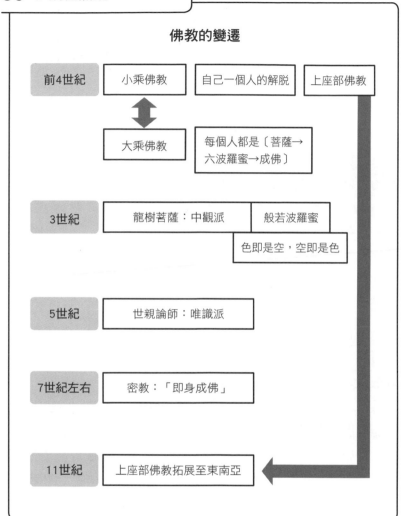

佛教的變遷

| 前4世紀 | 小乘佛教 | 自己一個人的解脫 | 上座部佛教 |

大乘佛教 ── 每個人都是〔菩薩→六波羅蜜→成佛〕

| 3世紀 | 龍樹菩薩：中觀派 | 般若波羅蜜 |

色即是空，空即是色

| 5世紀 | 世親論師：唯識派 |

| 7世紀左右 | 密教：「即身成佛」 |

| 11世紀 | 上座部佛教拓展至東南亞 |

重點解說 ▶ 「佛教」的詞源

「佛教」這個詞的詞源來自英語，即便印度原先有其他各種宗派，卻沒有統稱所有宗派的總稱，殖民地時代產生的「Buddhism」即為佛教的詞源。

▶ 05

伊斯蘭
商人共同體的羈絆

唯一絕對的神（Allah），在七世紀前半透過穆罕默德傳授《可蘭經》，其教義是伊斯蘭遵循的核心。

亞當、諾亞、亞伯拉罕、摩西、耶穌等預言者的教誨，在最後的預言者穆罕默德身上可看見集大成。

神（阿拉）、天使（malā'ika）、經典（《可蘭經》）、使者（指穆罕默德）、前定（qadar）、後世（ākhira）這六樣，是伊斯蘭教的信仰教條（「六信」）。而清真言（Shahada）、禮拜（Salat）、天課（Zakat）、齋戒（Saum）、朝聖（Hajj）這五種信仰行為稱為「五功」，是信仰者的義務。

所有的穆斯林都會在每天固定的時間進行禮拜，每年在固定的月份，也就是「齋戒月」（Ramaḍān）斷食。此外，聖地麥加會在固定的日子，由所有朝聖者遵循固定的行程、沿著同一條路體驗一連串的儀式進行朝聖。包含五功之一的天課，這些信仰行為能夠提高群眾同為穆斯林的一體感。

至於《天方夜譚》（《一千零一夜》）中，航海家辛巴達居住的巴格達等大都市的商人文化乃是伊斯蘭的基本樣貌。即便到現在還是禁止利息的伊斯蘭經濟文化中，相互扶助也是理所當然之事。

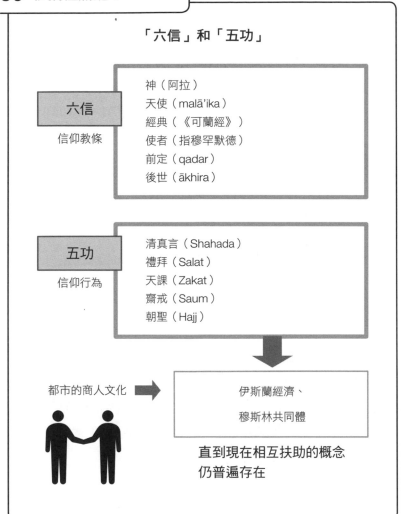

「六信」和「五功」

| 六信
信仰教條 | 神（阿拉）
天使（malā'ika）
經典（《可蘭經》）
使者（指穆罕默德）
前定（qadar）
後世（ākhira） |

| 五功
信仰行為 | 清真言（Shahada）
禮拜（Salat）
天課（Zakat）
齋戒（Saum）
朝聖（Hajj） |

都市的商人文化 ➡

伊斯蘭經濟、
穆斯林共同體

直到現在相互扶助的概念
仍普遍存在

重點解說 ▶ 曾是最強大文明的伊斯蘭

七至八世紀時，奧米亞王朝的版圖最遠甚至到達法國南部。代數（Algebra）、鹼（Alkali）、畢宿五（Aldebaran）[9]等都是阿拉伯語，科學、數學、哲學等領域中，伊斯蘭是當時最強大的文明。

▶ 01
中國的哲學

　　西元前八世紀，春秋戰國時代（西元前770—前221年）是大國、小國林立，群雄割據的封建體制。

　　諸侯讓學者、思想家、武術家等人以食客的身分居住於自家，於此時代孕育出許多的思想家。

　　西元前六世紀左右，孔子和孟子的儒學、老子和莊子的道教、孫子的兵法、韓非子的刑名法術之學，還有墨子等等，各種不同領域、立場的思想一口氣百花齊放，形成被稱為「諸子百家」的狀況。

　　諸國被秦統一後，經過秦朝、漢朝，道教成為民眾信仰，而儒學則被採用作為國家原理。六世紀，隋文帝開辦科舉後，儒學成為行政官員必備的教養而制度化。從此之後，儘管中國有皇族或其他民族交替支配，直到清朝的1905年這一千三百年間，仍維持著依據科舉形成的官僚制度，保有與古代帝國體制一貫的模樣。隨科舉而生的官僚制度在十七世紀傳到歐洲，拿破崙和普魯士建立的官僚制度原理也受此影響。

　　另一方面，一世紀時佛教自西方傳入中國，經過隋朝和六朝[1]，普及至王公貴族及平民。

　　佛教因為其思想的體系對儒學產生威脅，而佛教與儒學對抗的結果，在南宋時代，出現了以宇宙和人的統一原理「理」為中心的朱子學。

中國哲學的歷史

	中國	歐洲
前8世紀	春秋戰國時代 （前770—前221年）	
前6世紀	孔子、老子？	泰利斯
前五世紀	墨子	
前4至前3世紀	孟子、莊子、公孫龍	蘇格拉底
前3世紀	韓非子	
1世紀	佛教傳入	
5世紀	南北朝期：佛教興盛	354年奧古斯丁誕生
581〜618年	隋：佛教治國策、科舉制度	7世紀奧米亞王朝
1127年	南宋（〜1279年）	12世紀經院哲學
1130年	朱熹（〜1200年）	
1368年	明（〜1644年）	14至16世紀文藝復興
1474年〜	王陽明（〜1528年）	1453年歐洲的中世紀結束

重點解說 ▶ 不只孔子和老子的中國哲學

若只關注孔子和老子等古代創始者，那就像理解西洋哲學時只看柏拉圖和亞里斯多德，不管笛卡兒和康德等人的理論。

▶ 02

孔子 共振調和

　　提到儒學，就很容易讓人產生頑固、封建的形式主義印象，但實際上，儒學是非常偏向現實主義的統治哲學。

　　對儒學始祖孔子來說，內在的道德精神「仁」和行為規範「禮」，乃是他思想中的二大支柱。

　　仁是指克服私慾、愛人，但比起形式上的規定，其實更重視每個人建立仁愛之心的過程。捨棄私利私慾、自負和頑固，父子、兄弟、朋友、師徒、君臣等應流露自然的情感互相慈愛，並在各自的立場履行責任和義務，這樣的行為是「義」，自己不喜歡的事不施於他人的「體貼」（「恕」），不自我欺騙的真心（「忠」），這些都是實踐仁的方式，也是達成仁的過程。

　　禮是指宗教或社會的禮儀，但不是單純形式上的手續。向某個人行禮，對方也回禮時就形成了互相問候，禮的實踐就是像這樣自發性地去做，因為相互信賴使協調成為可能，這樣的結果將能開展高度共同性的場面。

　　在國家統治上，以古代進行理想政治的天子——堯舜三代（堯、舜、夏朝的禹、殷朝的湯王、周朝的武王）為理想，他們不依靠恫嚇或刑罰來強制管理，而是以為政者的德行和禮來支配（「德治」）國家。

　　孟子從性善說的角度，將人類與生俱來的惻隱之心等四種感情（「四端」）[2]稱為仁義禮智，並與德做連結。

　　儒學也成為德川幕府的統治原理。

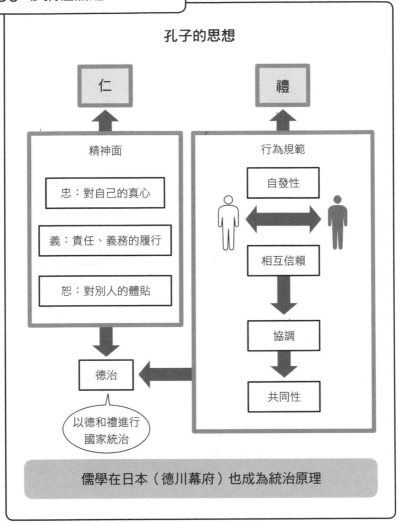

孔子的思想

仁

禮

精神面

忠：對自己的真心

義：責任、義務的履行

恕：對別人的體貼

行為規範

自發性

相互信賴

協調

共同性

德治

以德和禮進行
國家統治

儒學在日本（德川幕府）也成為統治原理

重點解說 ▶ 人間劇《論語》

《論語》雖為孔子的言行錄，但孔子與子路、顏淵等不同弟子的對話，以及孔子看穿每個人性格的不同對應，讓《論語》成為具有相當魅力的人間劇，下村湖人[3]《孔子》就生動的描寫了其中模樣。

老子、莊子
道家／無為自然

　　孔子針對人類社會談論，而老子思索的對象是自然。

　　據老子所言，包含人類在內，萬物的本體都是「道」，而道是萬物生成以前就存在，永不停止活動的混沌。天地萬物均有名字（「有名」），但混沌則無（「無名」）。至於混沌，「柔能克剛」、「禍福雙生」（禍與福如同麻繩之索互相纏繞）等矛盾確實存在，相對立的二者可以互相交換，若一方消失，則另一方也不存在。所有東西若發展至極，一定會反轉（「物壯則老」）。如此的自然定律，老子稱之為「常」。

　　從這樣的自然觀中，歸結出柔弱、謙虛、寬容、知足這四德。四德中的每一樣，都是要戒除固執的自我、人心的索求，與自然合為一體的意思（「無為」）。在這樣的思想背後，其實老子是希望回復到理想的古代政治，以無為自然為理所應當。

　　另一方面，莊子求的是個人的安心立命。對莊子來說「道」並非「無為」，而是「無差別」。美醜、大小、幸或不幸、上下貴賤、自我非我等，這每一個都是難以相對區別且沒有實體的。莊子認為，如能體悟此事，並與道合一，就能得到沒有任何事能搶走的絕對幸福。

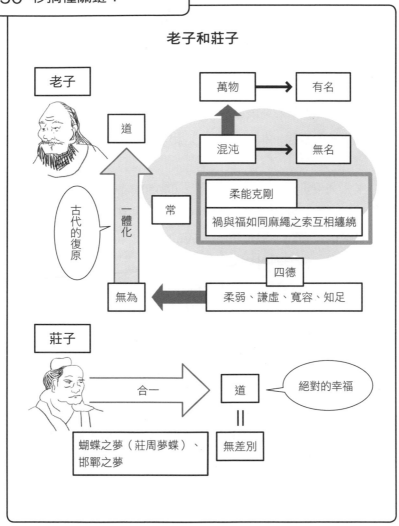

老子和莊子

老子

道

古代的復原

一體化

常

無為

混沌 → 無名

萬物 → 有名

柔能克剛

禍與福如同麻繩之索互相纏繞

四德

柔弱、謙虛、寬容、知足

莊子

合一

道

＝

無差別

蝴蝶之夢（莊周夢蝶）、
邯鄲之夢

絕對的幸福

重點解說 ▶ 先於西洋哲學的老子

如同老子無名說，相似於拒絕上帝規定的多瑪斯・阿奎納、矛盾確實存
在同於黑格爾、混沌為萬物根源如叔本華等，老子思想領先西洋哲學甚
多。

諸子百家
思想的饗宴

　　「諸子」是孔子、老子、莊子等思想家,「百家」是儒家、道家等學派的意思。根據《漢書》記載,其數量高達一百三十八家。

　　主張兼愛非攻的墨子(墨翟,前450—前390年)也就是墨家,和同樣討論統治理論,基於性惡說而主張需透過嚴格的法律和徹底的信賞必罰,主張法治主義的韓非子(前280—前233年)等人的法家,是強烈對比。

　　許行[4]主張賢者與王侯應自行耕作或行炊事,如此一來物價得以安定,欺人者也不復見,是為農家,這與江戶時代的安藤昌益[5]以及部分共產思想有相通之處。

　　如「知己知彼,百戰百勝」,主張戰爭關係國家存亡以及政治、物流(武器、人員、物資的調度)等的孫子(生卒年不詳)和吳子(和孫子並稱「孫吳」)的兵家;提出合縱之策聯合各國對抗強國秦的蘇秦、提出連橫之策使各國與秦個別聯手的張儀等縱橫家,他們的理論滿溢在現在也通用的事實洞察之中。

　　其他還有如「至大無外」(真正大的東西,向外是沒有邊際的)、「至小無內」(真正小的東西,是向內沒有邊際的),追求語言意義的公孫龍[6]等人的名家[7];提出陰陽思想的鄒衍[8]等人的陰陽家;百科全書式收集諸子學說的雜家[9],如秦代呂不韋的《呂氏春秋》和西漢劉安[10]的《淮南子》;記錄民間巷談街語的小說家等,有百花齊放之趣。

諸子百家

諸子	百家	特徵
墨子	墨家	兼愛（廣愛）、非攻
韓非子	法家	以性惡説延伸出法治主義
公孫龍	名家	追求語言的意思
孫子、吳子	兵家	與戰爭、政治、國家相關的策略
	縱橫家	蘇秦的合縱之策、張儀的連橫之策等，真實的外交策略
	陰陽家	鄒衍等人的陰陽思想
	雜家	呂不韋的《呂氏春秋》、劉安的《淮南子》等，收集諸子學説
	農家	許行等人，靠農業經世治國
	小説家	故事的傳承

15

東洋的智慧 II

重點解說 ▶ 孫子、吳子的兵法

如「不戰而屈人之兵，善之善者也」、「兵者，國之大事，死生之地，存亡之道」，孫吳的兵法直到現在仍能作為企業經營等的參考。

▶ 05
朱子學和陽明學
宇宙和人的原理

《論語》不過是孔子的言行記錄，由此看來，儒教有著缺乏系統這種問題。

受到佛教巨大理論衝擊的朱熹（1130-1200年），為了系統化儒教，建立了「朱子學」。

首先，假定有一原理貫通宇宙法則和人類倫理規範，並稱此為「理」。因未能將倫理和自然直接連結，於是就能歸結到原先認定萬物為善的樂觀主義。理乃萬物，並且平等的存在萬人心中，以致決定各自的「性」。

另一方面，萬物和個人之間的差異，也是由理生出的「氣」來決定。氣能決定物的形體，放在人身上則是會產生聖賢或無知的差異。

這樣的理氣二元論成為朱子學的根基。

然而，聖人氣清，得以呈現原來的性，凡人氣濁，因此遮蔽了本性。

為了回復本性，也就是理，直接洞察自己心中的本性，消除欲望的「存心」，窮究事物的原理法則，以達到自己的理，也就是必須做到「格物致知」。此番道德上的精進，乃個人統治國家的條件（「修身齊家治國平天下」）。

相對於朱子學的理氣二元論，明朝的王陽明（1474-1528年）將心視為理，並將理本身當作強力活動的生命。這就是以理氣一元論為原理的陽明學。

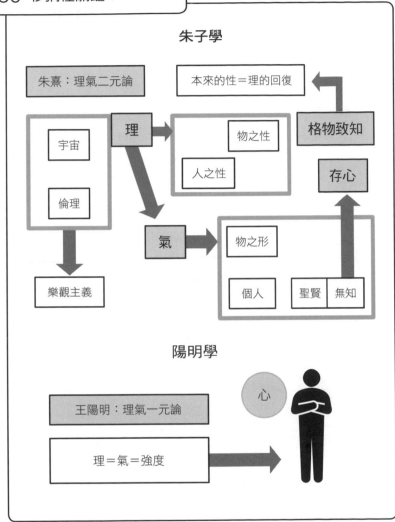

朱子學

朱熹：理氣二元論

本來的性＝理的回復

理

宇宙

倫理

物之性

人之性

格物致知

存心

氣

物之形

樂觀主義

個人

聖賢　無知

陽明學

王陽明：理氣一元論

理＝氣＝強度

心

重點解說 ▶ 對海外的影響

宋學（朱子學）和易學（《易經》）等，一同被傳教士帶到歐洲，影響了萊布尼茲等人，陽明學也和宋學等一同影響了江戶時期的思想。

▶ 01
日本對世界的認識

日本自古以來即具有認為天地萬物早已生存於世上，山岳巨木等森羅萬象和祖靈之類的都視為神的心性（「八百萬神」）。《古事記》（712 年）等展現的世界觀，在《日本書記》（720 年）稱為「神道」。

西元 538 年傳入日本的佛教，成為飛鳥時代的國家原理。在平安時代末期到鎌倉時代這段混亂期，日本誕生了自己的思想家（鎌倉新佛教），而江戶時代則倚賴檀家制度[1]

自室町時代至安土桃山時代有能劇代表世阿彌、茶道代表千利休、建造書院等，打下了現在日本文化的基礎。這樣對美的意識，在江戶時代提出「侘寂」形成理論。

江戶時代不若戰國時代崇武，是以文治天下為理想，因此採用了儒學。此外，追求日本獨自思想的「國學」、安藤昌益和石田梅岩等人的民眾思想、青木昆陽[2]等人的蘭學也在此時期大放異彩。

明治時代之後，因為歐美哲學被帶入日本，面對歐美哲學的出現，摸索日本獨有哲學的嘗試一個一個出現。例如思考「場所」的西田幾多郎（1870-1945 年）[3]、以偶然性對抗西洋同一性哲學的九鬼周造（1888-1941 年）[4]、人並非獨立的自我，而是因為與他人的關係而成立，透過觀看「人類」構想獨自倫理學的和辻哲郎（1889-1960 年）[5]。以西洋哲學的基本「存在、必然、自我」為底，他們的策略是找出與之相反的日本獨特性。

日本對世界的認識

	日本	世界
2世紀左右	邪馬台國	羅馬帝國全盛期
538年	佛教傳入	476年西羅馬帝國滅亡
574年	廄戶皇子（聖德太子）（～622年）[6]	570年穆罕默德誕生
712年	《古事記》	711年伊斯蘭全盛期
8～9世紀	最澄、空海[7]	768年查里曼（Charlemagne）
12～13世紀	法然[8]、親鸞、道元[9]、日蓮[10]等	十字軍
14～15世紀	世阿彌	歐洲黑死病橫行
1635年	林羅山[11]起草「武家諸法度」	1618年三十年戰爭
17～18世紀	山崎闇齋[12]、山鹿素行[13]、伊藤仁齋[14]、荻生徂徠[15]、契沖[16]、石田梅岩、貝原益軒[17]	法國絕對王權（絕對君主制）
1730年	本居宣長（～1801年）	1735年清朝乾隆皇
18～19世紀	平田篤胤[18]、安藤昌益、二宮尊德[19]	1775年美國獨立戰爭
1868年	明治維新	1840年鴉片戰爭
1911年	西田幾多郎《善的研究》	1914年第一次世界大戰
1919年	和辻哲郎《古寺巡禮》	1920年納粹德國登場
1930年	九鬼周造《「粹」的構造》	1929年世界經濟恐慌

16

東洋的智慧Ⅲ

重點解說 ▶「無責任體系」的日本

日本與理型或上帝等固定的原理無緣，日本的特性乃是廣納百川式的接受中國或南蠻等地的異文化，日本思想史家丸山真難將此稱為「無責任體系」。

▶ 02

佛教　朝向獨特思想

　　西元538年傳入日本的佛教，七世紀時由聖德太子等人以「國家鎮護」原理採用。到了奈良時代，以教理研究為目的的三論宗、律宗等形成「南都六宗」。

　　平安時代，天台宗的最澄（767-822年）認為每個人都具有佛性，因此都可能成佛，而真言宗的空海（774-835年）則以密教為本，認為可達到即身成佛。肯定現世的密教，隨後產生每個人都能以本來的樣子成佛的「本覺思想」，到了平安時代中期，源信[20]建立以現世和來世二元論為教義的淨土宗。

　　平安時代末期，因為內亂和天災不斷，「末法」、末世的概念遍布民間，到了鎌倉時代，對迎合體制的平安佛教不滿意的民眾創立的「鎌倉新佛教」登場。

　　淨土宗的法然（1133-1212年）認為，信奉阿彌陀佛、不斷唱誦佛號能靠他力往生淨土。根據淨土真宗的親鸞（1173-1262年）思想，由自力轉為他力是依靠阿彌陀如來的力量。這個力量之大，能讓惡行透過念佛轉為善，這就是親鸞主張的「惡人正機說」。而曹洞宗的道元（1200-1253年）認為，悟道不在他界，就在眼前的世界（「現成公案」）。心中的微小思念涵蓋了宇宙萬物的「一念三千」思想，繼承此思想的日蓮（1222-1282年）主張應專心唱誦內藏一念三千的「南無妙法蓮華經」之題。

日本的佛教歷史

538年	佛教傳入	
7世紀	國家鎮護的原理（聖德太子）	
8世紀	南都六宗	教理研究，小乘佛教
767年	最澄（～822年）：天台宗	每個人都有佛性
774年	空海（～835年）：真言宗，本覺思想	來自密教的即身成佛觀念，每個人都能成佛
平安時代中期	源信，淨土宗	現世和來世的二元論
1133年	法然（～1212年）：淨土宗	以頌名實現他力本願
1173年	親鸞（～1262年）：淨土真宗	惡人正機說
1200年	道元（～1253年）：曹洞宗	悟道即在眼前的「現成公案」
1222年	日蓮（～1282年）	一念三千，唱念題目「南無妙法蓮華經」

重點解說 ▶ 江戶時代以後的佛教

因為江戶時代根深柢固的檀家制度，使佛教的存在趨於穩定。依據空海信仰而生的四國遍路，即是從無償款待巡禮者的「接待」等獨特習慣而來。

▶ 03

江戶儒學　從嚴肅主義到個人自由

儒學於四至五世紀傳入日本，1364年出版的《正平版論語》在室町時代不停再版。

進入江戶時代，德川幕府為了穩定戰國殺伐後的人心，打算廢武而以文統治，特別重視儒學。德川家康重用的林羅山（1583-1659年）就利用朱子學，主張謹慎私利私欲、恪守本分的「上下定分之理」。認為朱子學中的個人修養要嚴格對待的山崎闇齋（1618-1682年），則禁止一切的欲望。

另一方面，否定朱子學、追求獨自儒學的山鹿素行（1622-1685年），提倡回歸原始儒教的「古學」。山鹿素行主張，朱熹的不變之理，是千變萬化的審判法則，只要透過聖人的禮樂來控制欲望，就能成為善行的基礎。伊藤仁齋認為不合理的「天命」就是自然的原理，此為不可知的，這點和人類以與身俱來的四端（「惻隱」、「廉恥」、「辭讓」、「是非」）來實現的「仁義」天差地別。

荻生徂徠（1666-1728年）從原始儒教的經典復原當時的制度文物（「禮樂」），並提倡現在也還活躍的「古文辭學」。荻生徂徠認為，天不可知，是「敬」的對象，如能活用窮究天與萬物的聖人所做的禮樂即是順應天理。荻生徂徠說：「禮樂是社會之物，與個人道德毫無關係，個人只要在個人的領域貫徹自己的個性，為全體所用即可。」這將儒學限制在公的領域，是把修身齊家與治國平天下切開的思想。

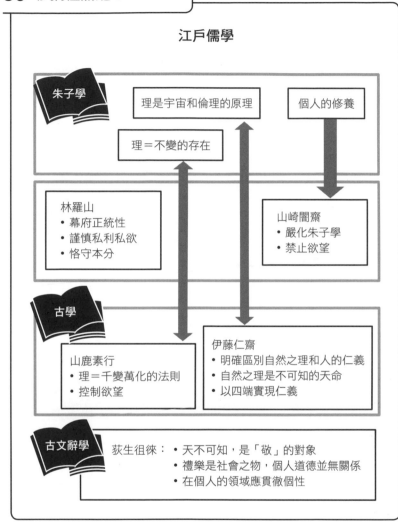

江戶儒學

朱子學
理是宇宙和倫理的原理
個人的修養
理＝不變的存在

林羅山
- 幕府正統性
- 謹慎私利私欲
- 恪守本分

山崎闇齋
- 嚴化朱子學
- 禁止欲望

古學

山鹿素行
- 理＝千變萬化的法則
- 控制欲望

伊藤仁齋
- 明確區別自然之理和人的仁義
- 自然之理是不可知的天命
- 以四端實現仁義

古文辭學
荻生徂徠：
- 天不可知，是「敬」的對象
- 禮樂是社會之物，個人道德並無關係
- 在個人的領域應貫徹個性

重點解說 ▶ 自古以來的日本高等教育

1790年設置的昌平坂學問所是東京大學的母體，七世紀的大學寮、平安時期的弘文院等貴族的私塾或足立學校之類，都是日本高等教育傳統的一環。

16

東洋的智慧Ⅲ

國學

　　在古典文學的領域，契沖（1640-1701年）已進行萬葉集的考證研究，荷田春滿（1669-1736年）[21] 則批判偏重中國、提倡「國學」，獎勵自己國家的古典研究。荷田春滿的弟子賀茂真淵（1696-1769年），透過萬葉集的研究，主張回歸日本古代之道。

　　賀茂真淵的弟子本居宣長（1730-1801年）的主張就更激烈，本居宣長批評儒學尊敬的中國古代「天子」堯舜三代為篡奪過去政權之人，將歷史以賞善罰惡或天命來合理化的態度作為「漢心」排除。日本古來之神，是一切不可知的，所以嘗試對此做出合理說明即為來自漢心的小聰明（「狡猾」）態度。排除朱子學的嚴格主義，每個人都具備人的自然（「真心」）。文藝方面，從倫理或政治價值來判斷的「益荒男振」[22] 被認為是脫離本質的。因為歌是「說出心裡所想」，在這點上，能直率表現出當下情愫的「手弱女振」才是歌的本質。「歌趣」為精神深處的心情，只有「物哀」（Mono no aware）為古道的核心，此舉也賦予他政治的性格。不過，物哀無法規定其真相，所以政治上若接受其偶然出現的政治制度，有形成機會主義的危險。

　　本居宣長的弟子平田篤胤（1776-1843年）主張將古文獻視為絕對的神道說，對幕末和維新之後的政治運動帶有影響力。

國學的演進

契沖：萬葉集的考證研究

荷田春滿：「國學」

賀茂真淵：
透過萬葉集回歸古代

本居宣長

尊敬古代皇帝
透過賞善罰惡和天命合理化
的歷史
神的規定之可能性
嚴格主義
從倫理和政治而來的文藝觀

⬌

視為政權篡奪者
起自「漢心」的狡猾態度
神是不可規定的
只有人的真心才是道
率直表現情感

政治上為機會主義

平田篤胤　　神道說　➡　幕末的政治運動

不偏重中國，關心古代日本的思想和文化

重點解說 ▶ 江戶時期的歷史記述

關於神武天皇之後的歷史，有1662年林鵞峰[23]奉幕府命令編纂的《本朝通鑑》和1672年左右，由水戶藩主德川光圀展開的《大日本史》等等。

▶ 05
商人、農民的思想

　　江戶時代中期之後，因為農業、手工業、商業活動的發展，使町人、商人的力量擴大，確立農工商業從事者存在價值和道德的哲學陸續登場。

　　近江商人的「三方好合」（買家滿意、賣家滿意、社會滿意）直到現在也能經常聽見，而出身農家、在京都經營商賣的石田梅岩（1685-1744年），其石門心學肯定商人的利益追求為天理，主張「彼立我立」這樣公正、正直、節儉、勤勉的倫理。

　　曾為現在青森縣八戶醫師的安藤昌益（1703-1762年），否定支配與被支配、身分、貧富差距等人為結果，認為依照自然的根源活動、萬人應自行於地面耕種（「直耕」），在衣食住上自給自足，達到何處皆無差別的平等社會（「自然之世」）。這是因商品經濟發展和飢荒，造成農民生活窮困，在這樣的時空背景下所產生的過分激烈思想。

　　同樣以農民為對象的思想家二宮尊德（1787-1856年），他認為節儉所產生的餘裕能為將來做準備等，期許農民的自立，並以「農為萬業之大本」鼓舞農民的自信心。

　　儘管已有貝原益軒（1630-1714年）強調朱子學的合理性，並重視實證性，但在1543年火器（槍砲）傳入日本後，研究荷蘭醫學等的青木昆陽、前野良澤[24]、杉田玄白[25]、平賀源內[26]、高野長英[27]等蘭學家、洋學者家也開始登場。

農民和商人的哲學

石門心學	石田梅岩	肯定商人追求利益是天理
	安藤昌益	否定支配、身分和貧富差距，目標是遵循自然，創造自行耕種的平等社會（「自然之世」）
	二宮尊德	農民的自立、驕傲
	貝原益軒	強調朱子學合理的一面，重視實證
蘭學、洋學	青木昆陽、前野良澤、杉田玄白、平賀源內、高野長英	研究荷蘭的醫學等

16

東洋的智慧 III

重點解說 ▶ 商人思想誕生的背景

如1603年登場、由出雲阿國[28]發展的歌舞伎，都市文化、新田開拓和各地名產的開發等，農工商業民眾的活躍乃是商人思想誕生之故。

第 **5** 部

---

10 hours ✓

---

philosophy

哲學的主題

第五部的
重要哲學用詞

「主觀」、「主體」、「自我」、「意識」

表現「自己」的哲學用語很多,使用「行為的主體」卻不說「行為的自我」,使用「有意識」卻不說「有主觀」。「主體」是啟動行為或認知,並承受其責任的存在。「主觀」是「認知主觀」等主觀／客觀圖式的其中一項;「自我」從出生到死亡都是同一個、感性或知性、理性、行為的主體;「意識」是經常檢查自己在想什麼、做什麼的存在。

「根據」

「你以什麼根據說那種話?」這個問題的答案、主張的證據或理由;「為什麼做那種事?」這個問題的答案、行為的動機或理由;「為什麼會發生那種事?」這個問題的答案,變化的原因;「為什麼存在萬物?」這個問題則是指存在的根源等。

「明希豪森三難困境」(Münchhausen trilemma)

「先有雞還先有蛋?」是怎麼想都沒有盡頭、無限循環的「循環論證」,如果是先有雞,就會有人回應雞是從蛋生出來的,然後繼續說媽媽雞的蛋、祖母雞……不停往前追溯,形成「無限溯行」(無窮倒退)。因為想找到個盡頭就將所有的根源當作「神」之類,想像有個特別的存在,這是沒有根據的「武斷終止論證」。基礎主義的實驗若陷入「循環」、「無限溯行」、「武斷」之一,就是明希豪森三難困境。

「身分認同」(identity)

當森石松說出「江戶人啊」,而對方回應「我出身神田」,其中的「江戶人」就是該人物的身分認同。能表現出那個人是誰、歸屬何處和特性,對那個人來說則是證明自己是自己的提示。暫時失去記憶連自己的名字也不知道的時候,若有身分證能判斷自己的名字即能安心,如此

可說名字是最小限度的身分認同。

「年鑑學派」（L'école des Annales）

　　過去的歷史記述都把注意力放在國王和其外交、戰爭、革命等，相對於此，引發這些大事件或變動的根基、日常的庶民生活和經濟活動，以及過去人們的心理狀態等，向這些事項進行歷史研究的學派。代表人物有埃里耶斯（Philippe Ariès），他研究歐洲人對死亡態度的變遷、布勞岱爾（Fernand Braudel）提出十七世紀的地中海地區，地理、氣候、經濟生產活動等的複雜結構。

「概念分析」

　　基本上來說，是分析使用語言的意思，詳細分析、解讀其含義。分析「三角形」、「人格」這樣的概念，解釋「有三個頂點的圖形」、「自我責任的主體」為這些詞彙的特性。如「欺騙父母」、「壞掉的腳踏車還勉勉強強能用」，了解從乍看相反的例子「得到假裝與實情相反的好結果」這樣的結構。

「基礎主義」（Foundationalism）

　　明示自己的主張、行動理由或動機，提出其根據。哲學領域裡，為了得出現在世界為什麼如現在這般的最終證據，於是出現了神和理型等答案。但是，在認同即便求至最後的原理也會陷入明希豪森三難困境後，則歸結至放棄最終基礎的「反基礎主義」。

「唯心主義」（Idealism）、「實在主義」（realism）

　　哲學中古典對立的一項，感受到的東西是實際存在的為「實在主義」，若只是認知者的觀念則為「唯心主義」。更正確地說，事物或者世界，與人能否感覺到、知道沒有關係，此為實在主義。相反的，存在不可獨立認知存在，世界的存在是依據認知內容，也就是認知者的觀念而存在，此為唯心主義。

▶ 01

整理哲學的主題

　　從頭看到這裡應該能知道，雖然都叫做哲學，但其實每個人的探求對象和主題都不一樣。

　　康德提出的哲學提問有「人應該知道什麼？」、「人應該做什麼？」、「人應該希望什麼？」三項，這些可以總結成「人類是什麼？」這個問題。而其中的各個問題也可再以知識論或本體論（Ontology）等的「純粹哲學」、「倫理學」、「美學」、「人類學」來對應。

　　其中的主體存在方式（意識、理性、精神、自我、存在等）、認知物和其性質（本質和普遍性、真理、因果關係、歷史、他心問題等）、理解工具（數學或邏輯、語言、觀念、知識、經驗等）、存在構造（世界或空間、時間、現象、存在、同一性、世界的起源和原因、上帝等）、倫理問題（行為或自由、正義、善良等）、美和藝術等美學問題、政治、社會、國家、戰爭等社會哲學，還有人類等，各自都能形成一個主題。此外，其中也有如自我這種主題，橫跨知識論、倫理學和美學，或存在這樣超越分類的主題。

　　以下的各章將以比較純粹哲學的主題，分別討論萬物的根源和存在、真理、自由、心靈與身體（第17章）；從倫理和美學的主題到倫理各學說、殺人禁止、應用倫理、美和藝術（第18章）；身邊的現實到國家、歷史、「日本人劣化」、自己、生存的意義（第19章）；不分時代和地區的總整理。

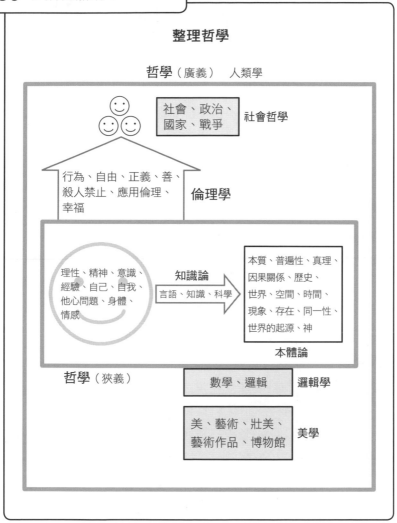

整理哲學

哲學（廣義）　人類學

社會、政治、國家、戰爭　社會哲學

行為、自由、正義、善、殺人禁止、應用倫理、幸福　倫理學

理性、精神、意識、經驗、自己、自我、他心問題、身體、情感

知識論
言語、知識、科學

本質、普遍性、真理、因果關係、歷史、世界、空間、時間、現象、存在、同一性、世界的起源、神

本體論

哲學（狹義）

數學、邏輯　邏輯學

美、藝術、壯美、藝術作品、博物館　美學

重點解說 ▶ 日本大學中的哲學分為三大類

日本大學在文學院設置了哲學系、美學系、倫理學系等，這種根據康德三大批判書（《純粹理性批判》、《實踐理性批判》、《判斷力批判》）來進行分類是日本獨有的現象。

▶ 02

存在／根據

　　嘗試說明這個世界或宇宙是從哪裡開始，又是怎麼生成的，
有好幾種模式。

　　首先是設定有個包含萬物的種子，它像萵苣一樣長出來，這
是用茶泡飯必要的所有成分「茶泡飯原料」產生的發想。第二種
是基督教之類的模式，設定有個創造萬物的造物主。第三種是設
定萬物的理想和原因那樣的模型，是柏拉圖的理型概念。當乘載
鐵砂的紙靠近磁鐵，鐵砂受磁力吸引，呈現規則形狀的想像。

　　到了近代，如顏色等的性質、左右關係，設定眼睛看到的現
象背後有形成性質或關係的本體、支持之實體或存在。是沒有顏
色、光滑小鐵球那樣的想像，洛克或百姓理解的康德物自身概念
就是這樣。

　　另一方面，若神或存在即是「所有」，那麼包含自己在內的
所有只是其中一部分，這是史賓諾莎和海德格後期的思想。

　　但是，根據「明希豪森三難困境」，不論如何地追求原因或
證據，最後只會產生無窮倒退、循環或武斷其中一種結果。

　　於是，開始朝不問根據，往解釋整體生成構造的方向變革。
複雜系統中的創發（emergence）原本是沒有萌芽秩序也沒有設
計圖，是自發性、自然產生的自我生成結構。這可說是沒有根據
或原因，說明萬物如何生成的想法。

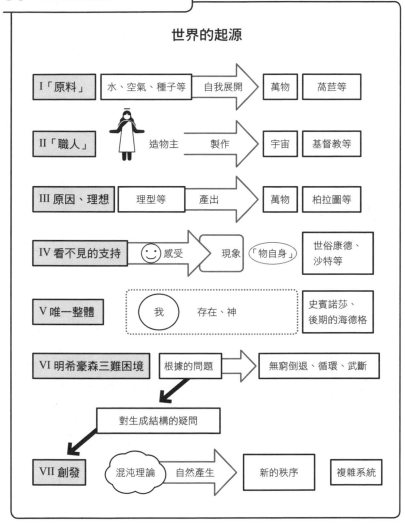

重點解說 ▶ 明希豪森

明希豪森是十八世紀德國童話《吹牛大王歷險記》（The Adventures of Baron Munchausen）的主角，他反覆將自己乘坐的枝椏根處切斷，然後掉下等自我矛盾的行為。

▶ 03
真理

　　對任何學問來說「真理」都是重要的，但是相對於物理學研究自然、歷史學研究過去，不斷爬梳「真理是什麼」，哲學則把「真理究竟是什麼」當作問題。

　　舉例來說，何謂真理的基準。「地球是藍色的」這句話若不看見地球的模樣就無法辨別真偽，但是「三角形有三個角」即便不碰觸真正的三角形也能判斷為真。前者是以與事實一致為基準的「實證主義」真理，後者是只要分析三角型的概念就能得到的「分析式真理」。

　　科學以實證主義真理為基礎，但是儘管說「所有烏鴉都是黑色的」，實際上能觀察的個數也有限，所以包含無法觀察的部分。「沒有青色的桃子」因為「沒有『沒有』的證據」，肯定不是真的。根據奎因的說法，科學的真理是建立共識（Consensus building）和資訊共有的道具（「實用主義」）。

　　奎因見識的背後還有「為什麼人會把真理當成問題？」這個疑問，尼采和傅柯還更深入這個問題。這個結果和善惡是由弱者的無名怨憤（Ressentiment）而生一般，真理也是因為社會力學而創造出來的東西。如同在薩依德的《東方主義》批判中所見，真理的政治機能更為重要。可以說人之所以想要真理，是為了利用它來支配、控制他人和社會，或是為了達到這個目的而設計制度。常言道：「筆比劍強。」真理就是武器。

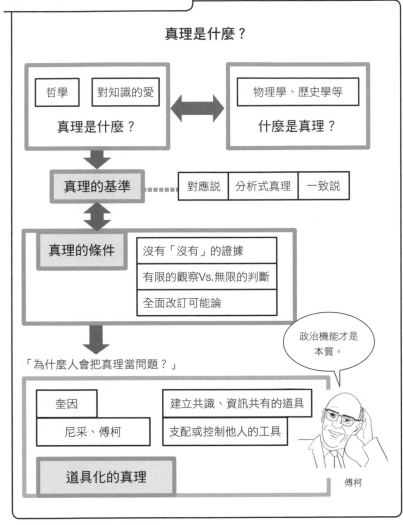

真理是什麼？

| 哲學 | 對知識的愛 |

真理是什麼？

物理學、歷史學等

什麼是真理？

真理的基準 ┄┄┄ 對應說 　分析式真理 　一致說

真理的條件

沒有「沒有」的證據

有限的觀察Vs.無限的判斷

全面改訂可能論

政治機能才是本質。

「為什麼人會把真理當問題？」

| 奎因 | 建立共識、資訊共有的道具 |

尼采、傅柯 　支配或控制他人的工具

道具化的真理

傅柯

重點解說 ▶ 和日語「真理」的不同

如「真理的探究」，日語的「真理」是指世界、宇宙、人生的實際樣貌
等，腦中浮現的幾乎都是宗教方面的奧祕，哲學的「真理」則是指某文
章或主張的正確性。

▶ 04

自由

　　父母或老師的指令是令人憂鬱的。在強權政府之下會尋求來自權力的自由，受資本主義控制的勞工則追求排外而來的自由。不過，雖然因為權力帶來了自由，但之後又要怎麼做才好呢？

　　因為變得自由，也許你會說那就隨著自己的欲望做喜歡的事好了。但是，想吃的時候吃、想睡的時候睡，這樣只會成為欲望的奴隸，反而喪失了自由。

　　康德認為，自行選擇自己的行動這樣自律的人格乃是理想。只要不逃避基本義務（「定言令式」），實際上要做什麼都可以依照自己的判斷。沙特雖認為個人的「存在判斷」能決定自己的本質，但在那個當下「人是被處以自由之刑」。

　　史賓諾莎的想法則是，雖然在討論人類的自由時像這樣站在對立面，但是沒人擁有選擇的自由，因為人的所作所為都是被上帝決定的，這點反而值得高興。

　　由上帝決定的論點也許脫離現實，但在近代，每個人在生活中都受到生的權力或性言說所綁架。這時能幫助大眾的就是傅柯的「生存的美學」，只要遵從各種權力或言說的道理，就有可能自由自在使用束縛自己的技術或技巧。這個結果，讓道路朝向新的自己、以創發的形式展開。

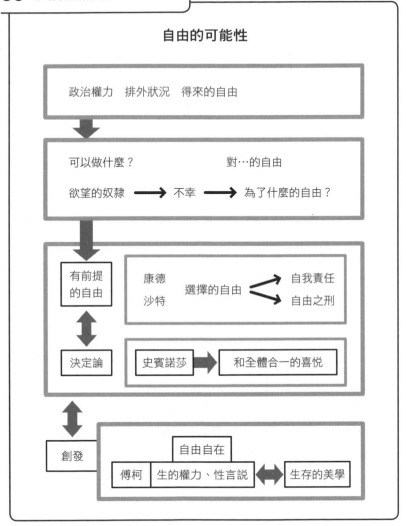

自由的可能性

政治權力　排外狀況　得來的自由

可以做什麼？　　　　　　　對…的自由

欲望的奴隸　➡　不幸　➡　為了什麼的自由？

有前提
的自由

康德
沙特　　選擇的自由　〈　自我責任
　　　　　　　　　　　　　自由之刑

決定論　　史賓諾莎　➡　和全體合一的喜悦

創發

自由自在

傅柯　生的權力、性言説　⬌　生存的美學

重點解說 ▶ 《古事記》的自由和「佛教」的自由

「自由」這個詞在《古事記》中也出現過，其中的意思是「隨意任性」。
佛教的「自由」則是指將心放空，不被自我所左右的狀態。

身體的哲學

對每個人來說，身體可說是「身邊」的存在。

但是，在古代和中世紀歐洲，肉體會產生性慾之類的欲望、憤怒之類的情感，是妨礙理性的因素、該被控制的對象。

對揭開近世哲學之幕的笛卡兒來說，身體不過是思考時的認知對象、是該被控制的機械。從笛卡兒哲學誕生的心物問題，在萊爾以範疇失誤解決這個假想問題前，一直是哲學上的困難問題。

肯定身體的哲學之所以出現，是根據尼采說出「理性不存在知性，而在身體」而來。

真正開始對身體做具體分析，則要到梅洛龐蒂的時候。隨著狀況自發性的反應、學會新的技能，讓我這個主體住在世界上成為可能的身體實存結構，由梅洛龐蒂所證實。

不過，身體的實存是把兩面刃。在傅柯生物權力（biopower）中的規格化、規律化，讓身體實存的技法習得機能成為可能，規律化也讓佛洛伊德的超我思想誕生。若照巴特勒所言，性別也是依據身體的這項機能所創造，身體的實存也是為了構築「主體」這個虛構的迴路。

在後現代主義中，身體是臟器移植、用於治療的人工器具，喪失了性和性別的界線，走向「賽伯格化」（唐娜·哈洛威）[1]。而這裡的問題是，討論的已不是身體，而是人體。

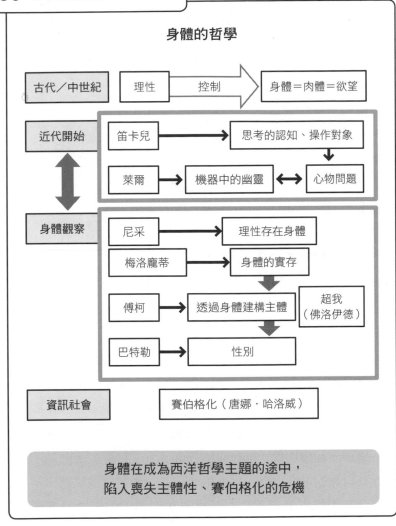

身體的哲學

| 古代／中世紀 | 理性 → 控制 → 身體＝肉體＝欲望 |

近代開始

笛卡兒 → 思考的認知、操作對象

萊爾 → 機器中的幽靈 ↔ 心物問題

身體觀察

尼采 → 理性存在身體

梅洛龐蒂 → 身體的實存

傅柯 → 透過身體建構主體　　超我（佛洛伊德）

巴特勒 → 性別

資訊社會　　賽伯格化（唐娜・哈洛威）

身體在成為西洋哲學主題的途中，
陷入喪失主體性、賽伯格化的危機

重點解說 ▶ 身體比精神聰明

這對企圖顛覆傳統哲學重視知性的尼采來說，強調身體是理所當然的策略。尼采說：「像咀嚼這樣，毫無困難進行複雜過程的身體，比精神更是聰明。」

▶ 01

善與美
倫理的各種學說

　　假設有個世界級的腦外科醫師和自己的媽媽同時求救，而
你只能救一個。未來，那名腦外科醫師能救更多的患者，話是
這麼說，但要對自己的媽媽見死不救也違反人類情感。這是人
類全體的公益和人情對立，無法輕易解決的「道德困境」（moral
dilemma）其中一例。面對這個困難的問題，倫理學的各種學說
是怎麼回答的呢？

　　若是直觀論（intuitionism），「不說謊」、「守約定」這種倫
理規範就算不一一說明，大家都能直覺理解。但是，直觀論因為
無法分出各種規範的優劣，針對該選擇公益或人情這個問題上，
並使不上力。

　　若根據邊沁和彌爾的功利主義則會得到「應該盡可能讓多數
人得到幸福」（「最大多數的最大幸福」），這樣一來，遇到這個
問題就會毫不猶豫地選擇幫助腦外科醫師。但是，完全不顧慮人
情這點並不自然。

　　康德規範倫理學（normative ethics）中的基本原則是，每個
人具有對等的人格，應互相尊重。因此，面對這個問題，不可能
無條件地對媽媽見死不救，但也無法引導人做出該選擇何者為
上。

　　若是沙特的存在主義，因為二個選項都不是不正確的，所以
最後選擇哪一邊，是根據自己的存在來判斷，也就是認為自己是
「孝順的人」或是「重視公益的不孝者」這種自我的存在。

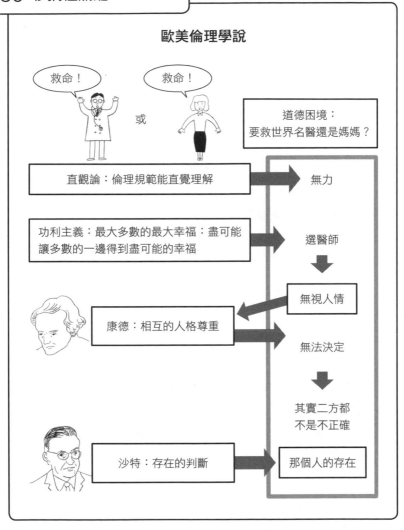

重點解說 ▶ 道德困境

平家的全盛期，平重盛對打算討伐背叛者後白河院（後白河天皇）的父親平清盛說：「欲忠則不孝，欲孝則不忠。」此乃道德困境的典型。

▶ 02

「為什麼不能殺人？」

1990 年代的某個時期，「為什麼不能殺人？」這樣的討論非常流行。當時的電視評論節目上，有個無法好好說明其中理由的學者還曾在節目上大吼：「總之就是不行，沒有理由。」

但是，近代社會中對於禁止殺人有著這樣的先行理由。政府契約論中締結了不可相互侵犯的契約，所以傷害別人的人應該受罰。因此，若不想被殺，就不可以殺人。用康德的區分法來分類的話，這並非無條件的定言令式，而是有條件的假言令式。

而且，這個禁止事項若要生效，只有在對方和自己參加了同樣契約的時候。如果對方是動物，或是納粹德國中的猶太人，則關於殺人的禁止事項就沒有效力。

禁止殺人一事，只成立於同樣契約、同樣團體中的成員。若真是這樣，禁止殺人也許是能使用在比保護團體這樣，更大目的的輔助規則。

儘管如此，每個人都在注意到時就已經歸屬於某個團體。例如「A 高中的學生」、「B 大學的學生」、「C 公司的員工」、「日本人」，都是各自身分認同的一部分。然而，一旦殺了人，就會被排除於這些團體之外。殺人會失去的，是我們自己的身分認同，因此無法簡單的認為「殺人也可以」。

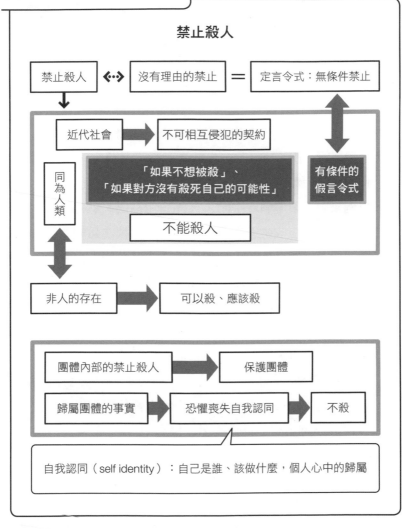

禁止殺人

| 禁止殺人 | ←‧→ | 沒有理由的禁止 | ＝ | 定言令式：無條件禁止 |

近代社會 ➡ 不可相互侵犯的契約

同為人類

「如果不想被殺」、
「如果對方沒有殺死自己的可能性」

不能殺人

有條件的假言令式

非人的存在 ➡ 可以殺、應該殺

團體內部的禁止殺人 ➡ 保護團體

歸屬團體的事實 ➡ 恐懼喪失自我認同 ➡ 不殺

自我認同（self identity）：自己是誰、該做什麼，個人心中的歸屬

重點解說 ▶ 對「殺人」的躊躇

也許可以說，多數人之所以沒有殺人是因為「惻隱之情」（孟子）、「同情」（亞當‧斯密）[1]、「對他人的憐憫之情」（盧梭）。

▶ 03

生命和環境倫理　確認近代倫理理論的基礎

　　臟器移植、化石燃料濫用等，隨著技術進步，「應用」傳統倫理理論無法解決、生命和環境倫理上的問體也跟著出現。所謂應用，是如同利用三角函數來測量，運用理論來解決現場的課題，但面對生命和環境倫理，原先的近代倫理理論已不堪使用。

　　舉例來說，環境倫理中因為天然資源枯竭、熱帶雨林消失、生物種類減少等造成生態系惡化、廢棄物累積之類的問題。這裡的問題在於，人類以外的生物和生態系、甚至尚未出生的未來世代其所有權和生存權。然而，近代倫理理論是以「不對他人施加危害是因為不想讓他人危害自己」這樣的對等原理為大前提。因此，人類以外的生物或是尚未出生的未來世代，就不在倫理規範的討論範圍，因為未來世代無法對現在世代施加危害。

　　此外，在洛克或彌爾的想法中，自己的身體為自己的所有物，而且因為「只要不危害他人，任何人都能自由追求自己的利益」（「傷害原則」）[2]，有時甚至被反社會勢力濫用，連臟器買賣都能無限上綱的正當化。

　　關於這些問題，雖然提倡了生態系相關的生存權、存續權、和未來世代間的倫理、資源有限這樣的地球全體主義（earth totalitarianism），但這要如何與近代倫理背景一致，還是問題。

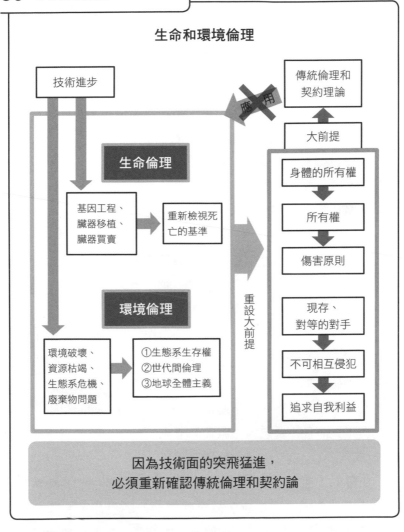

生命和環境倫理

技術進步

傳統倫理和
契約理論

應用

大前提

生命倫理

基因工程、
臟器移植、
臟器買賣

重新檢視死
亡的基準

身體的所有權

所有權

傷害原則

環境倫理

環境破壞、
資源枯竭、
生態系危機、
廢棄物問題

①生態系生存權
②世代間倫理
③地球全體主義

重設大前提

現存、
對等的對手

不可相互侵犯

追求自我利益

因為技術面的突飛猛進，
必須重新確認傳統倫理和契約論

重點解說 ▶ 生命和環境倫理的問題

如同未來世代這種尚未存在、不可能對現在的自己造成危害、無法使用
對等原理的對手，該用什麼樣的理論才有可能涵蓋這些對象就是生命和
環境倫理的問題。

美　亞里斯多德、 康德、黑格爾

　　繪畫、音樂、男女演員、滿天星斗等，世界上充滿各種美麗的東西。但是，「美麗」指的是什麼樣的東西呢？

　　對柏拉圖來說，繪畫和悲劇不過是現實的模擬（mimēsis），美的愛慾（erōs）是前往善之理型的通道。被美麗事物吸引的人，同時也完全憧憬那些事物。多瑪斯‧阿奎納眼中的美，是超絕存在的神所散發的光芒。

　　另一方面，古希臘那種調和整體配置的神殿建築或雕刻，就像是要表現他們具有邏輯又純真的精神，對黑格爾來說，藝術就是將該時代和民族精神視覺化或表現出來的東西。

　　相對以上敘述，將注意力放在藝術作品其表現形式的是康德的形式主義（Formalism）。對康德來說，繪畫或音樂的美，和倫理、道德、真理、認知等表現內容並無關係。一般來說，想像力容易變得沒有秩序，不過連接上音樂或繪畫，就能脫離日常自由的遊走，而且不會陷入無意義的混亂。因此人能透過這些作品的結構或形式，感受到美的快感。

　　康德的「形式主義」就這樣看來，其實是創作者和觀賞者的共同作業。不過，亞里斯多德早就有類似的發想了。悲劇的觀眾，會將感情帶入比自己好像好一些的演員，並為毫無罪責的角色受到災厄降臨而沒落的「大逆轉」（peripeteia）大吃一驚和同情，當他們體悟（anagnorisis）人類命運的難以捉摸，就能洗淨（「淨化作用」）[3]平日混濁的情感。悲劇中的感動，是由觀眾和作品共同產生的。

30 秒搞懂關鍵！

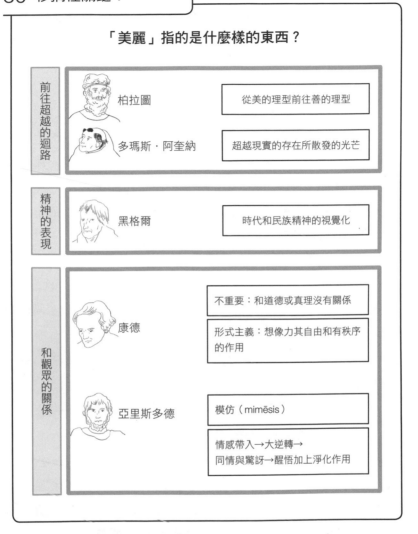

「美麗」指的是什麼樣的東西？

前往超越的迴路	柏拉圖	從美的理型前往善的理型
	多瑪斯・阿奎納	超越現實的存在所散發的光芒
精神的表現	黑格爾	時代和民族精神的視覺化
和觀眾的關係	康德	不重要：和道德或真理沒有關係
		形式主義：想像力其自由和有秩序的作用
	亞里斯多德	模仿（mimēsis）
		情感帶入→大逆轉→同情與驚訝→醒悟加上淨化作用

重點解說 ▶ 黑格爾的藝術觀

對黑格爾來說，只論技術巧拙，沒有表現民族和時代精神的繪畫，不可稱為藝術，魯本斯（Peter Paul Rubens）[4]等十七世紀的法蘭德斯派畫作就是黑格爾眼中的非藝術。

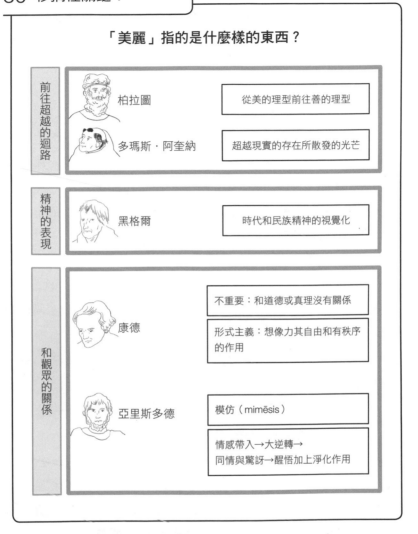

18

哲學的基本問題 II

▶ 05

藝術的成立與空洞化

「米洛的維納斯」（Venus de Milo）[5]和「百濟觀音」[6]雖然都被稱為「藝術」，但這是個錯誤。因為「藝術」的概念誕生自十八世紀，在此之前的繪畫創作或樂器演奏等，是等同於麵包烘培、車夫或廚師那樣的技術或職人工作。包姆加登（Alexander Gottlieb Baumgarten）[7]雖然寫下了題目為《美學》（1750年）的書，但其中內容是感性的認知學。

而美學被特化為「美麗的技術」，是在法國神父夏爾·巴特（Charles Batteux）出版《將純藝術縮小至單一原則》（1746年）一書之後。後來，才有康德（《對美感和崇高感的觀察》，1764年）和黑格爾（《美學》，十九世紀）等人針對美和藝術提出理論。波旁王朝的宮殿以羅浮宮之姿對大眾展示（1801年）等，是藝術制度化的行動也持續進行中。

在十八世紀是概念，十九世紀誕生理論和制度的藝術，進入二十世紀後風向改變。1917年，法國出身的藝術家馬塞爾·杜象（Marcel Duchamp）[8]於市售的男性小便斗簽名，並加上《噴泉》（Fountain）這樣的名稱提交於展覽出展後，已無法實質定義藝術作品為「精神表現」這樣的認知成形。亞瑟·丹托（Arthur Coleman Danto）被美術史家、博物館員、記者所成立的「藝術世界」（The Artworld）賦予藝術家的身分，是與內容無關的「藝術」，喬治·迪奇（George Dickie）則視「藝術」為美術館或大學等「制度」的產物，是「處處藝術」（Art Is Everywhere）的現代藝術狀況誕生的時期。

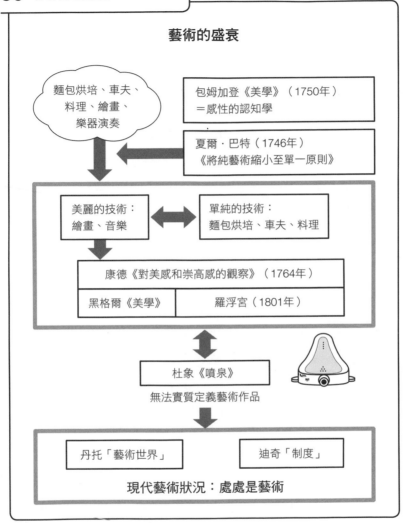

藝術的盛衰

麵包烘培、車夫、料理、繪畫、樂器演奏

包姆加登《美學》（1750年）
＝感性的認知學

夏爾・巴特（1746年）
《將純藝術縮小至單一原則》

美麗的技術：
繪畫、音樂

單純的技術：
麵包烘培、車夫、料理

康德《對美感和崇高感的觀察》（1764年）

黑格爾《美學》

羅浮宮（1801年）

杜象《噴泉》

無法實質定義藝術作品

丹托「藝術世界」

迪奇「制度」

現代藝術狀況：處處是藝術

重點解說 ▶ 懷舊投射

如稱「米洛的維納斯」為「藝術」，以現在的分類套用於過去以求理解，錯失了該時代獨特結構一事稱為懷舊投射。

▶ 01
觀點主義

　　「日本人的劣化」一詞的由來有人認為是「凶惡犯罪增加」，但是近幾年的凶惡犯罪，假設真的有些許增加，和犯罪數量最多的昭和20年代（1945-1955年）相比也如九牛一毛。反而是經常聽人說「過去真好」，但是二次大戰前的鐵路禮儀據說非常糟糕，所謂的「劣化」和美化都是錯覺。

　　二種錯覺都是從同樣的結構產生，發生前看到的瞬間光景，其實從很久以前就存在，是不變的實體那樣的固定結構。尼采稱此為「觀點主義」（Perspectivism），「觀點」（perspective）是「眺望」、「主義」（ism）和「酒精中毒」（alcoholism）等一樣，意思是「被附身的狀態」，所以也可直譯為「眺望中毒症」。

　　觀點主義在日常生活中的各處都可見到，常聽人說演歌是「日本之心」，但演歌出現的時間是昭和50年（1975年）左右。還有「傳統的日本家庭制度」中，夫婦同姓是明治時期以後的制度、專職主婦更是大正時期之後才有的，農業、漁業、零售業相關業者，直到現在仍以夫妻為共同經營者。

　　英國的歷史學家霍布斯邦（Eric John Ernest Hobsbawm）[1]說：「『傳統』是創造出來的。」西敏宮（Palace of Westminster）是十九世紀的建築，但它採用了十二至十五世紀的哥德式建築風格。這是為了讓人產生英國從很久以前就有民主制度的錯覺，自觀點主義而生的傳統創造也是政治道具。

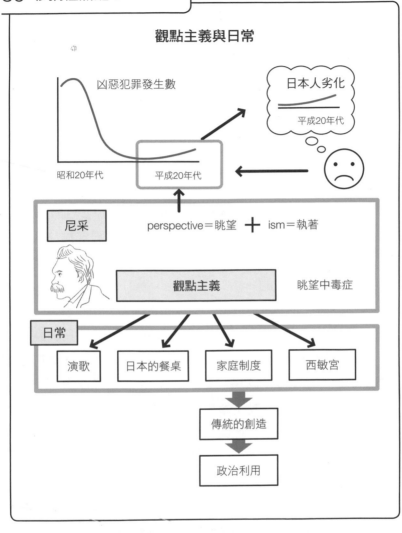

觀點主義與日常

凶惡犯罪發生數

日本人劣化

平成20年代

昭和20年代　　　　平成20年代

尼采

perspective＝眺望 ＋ ism＝執著

觀點主義　　　　　眺望中毒症

日常

演歌　　日本的餐桌　　家庭制度　　西敏宮

傳統的創造

政治利用

重點解說 ▶ 因「傳統」而拒絕變化的錯誤

因為暴露了日常的觀點主義，可以清楚知道，哪些是冠上「傳統」這個理由而拒絕變化的錯誤態度。

▶ 02

民族國家
民族這個身分形成

　　明明平常不看運動比賽的轉播，但到了奧運期間就變得狂熱的人其實不少。和自己住在同個城市的居民或是同個高中的學生殺了人，也只是覺得好可怕，但如果有人說「日本人犯罪」還是會覺得心痛，因為你對「日本人」有身分認同。

　　但是，在明治時代初期，住在日本列島上的人民並不認為自己是「日本人」，只擁有「會津藩士」、「上州國定村住人」這樣的身分認同。不論是日本或歐美各國，「國民」這樣的概念是最近的並靠人工形成的。

　　但這個概念是怎麼形成的？學校和軍隊皆使用標準語，並帶入國歌和國旗。聽到日本這個詞，腦中就會浮現細長列島的模樣，但這樣的記憶全靠社會課的教學和天氣預報播放，護照和年金等社會保障也加強了國民意識。

　　民族國家的原理來自「單一民族、單一文化、單一語言、單一國家」這樣的理念，因此擁有同樣語言、同樣文化的日本民族建立了日本這個國家。但是，列島上有八種語言。「日本文化」是透過明治時期建立的日本文學史、日本史、美術史等「創造出來的傳統」，可以說民族國家不過是由從不曾見過面的「同胞」所建立的「想像共同體」（班納迪克・安德森）[2]。

　　一旦形成國民這樣的概念，居住在日本列島上的所有人都會認為自己是「日本人」，也因此為了奧運而狂熱。

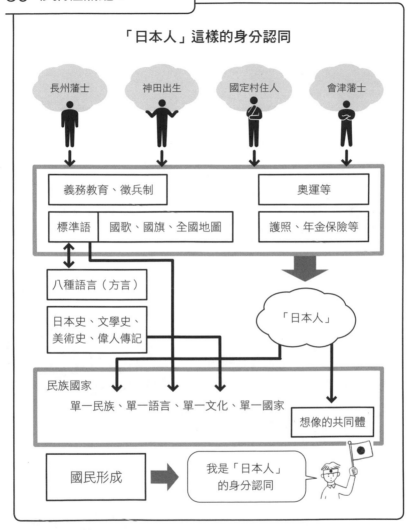

「日本人」這樣的身分認同

長州藩士　　神田出生　　國定村住人　　會津藩士

義務教育、徵兵制　　　　　　　奧運等

標準語　國歌、國旗、全國地圖　　護照、年金保險等

八種語言（方言）

日本史、文學史、美術史、偉人傳記　　　　「日本人」

民族國家
　　單一民族、單一語言、單一文化、單一國家

想像的共同體

國民形成　　➡　　我是「日本人」的身分認同

19

日常中的哲學

重點解說 ▶ 國民的形成

國民這個概念的形成始於十九世紀，從歐美開始的。在德國，每逢儀式就演奏「第九號交響曲」，並將無人知曉的貝多芬貼上「國民英雄」、「統合國民的象徵」，賦予他崇高的地位。

▶ 03
歷史的哲學

　　從古代開始，各地都有針對各自地區的歷史記錄，例如《古事記》。然而，黑格爾認為歷史是「實現精神自由的過程」，馬克思等人也將十九世紀的歐洲歷史哲學視為思辨的人類史，其典型就是記錄自天地創造直到最後的審判這部人類史的《聖經》。

　　1813年，柏林大學開設歷史學講座，從此誕生實證歷史學。但是，這和自然科學不同，歷史學無法現場觀測，而二十世紀時，歷史學有了學問的資格認證。但是，「漱石現在出生了」這種話，夏目漱石的母親也無法當場說出。因為孩子的將來是未知數，歷史是從知道結果的後事觀點寫下的。以明治維新來說，為了說明維新發生的原因，追溯到大正奉還這樣的結果，選擇幾個重要事件，解釋從江戶時期到明治時期中間發生的變化，講述這些變化的緣由。根據歷史的敘事學（Narratology），此為歷史學的獨自認知。

　　儘管如此，如「早上下雪則中午是好天氣」這樣的「天氣變化」，記述變化還是需要變化的主角。因此敘事的歷史記述會自動虛構變化主體，歷史學誕生的十九世紀是民族國家形成的時代。十八世紀以前的「德國史」，是還沒有「德國」的時代，為了讓人產生該國家已經出現的錯覺而正當化民族國家的裝置。

　　實際上，在二十世紀後半，出現了傅柯和年鑑學派的反敘事歷史記述，不假設隨時間變化的主體。

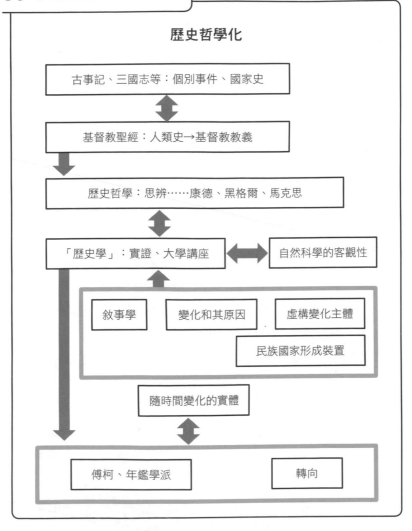

歷史哲學化

古事記、三國志等：個別事件、國家史

↕

基督教聖經：人類史→基督教教義

↓

歷史哲學：思辨……康德、黑格爾、馬克思

↕

「歷史學」：實證、大學講座 ↔ 自然科學的客觀性

敘事學　　變化和其原因　　虛構變化主體

民族國家形成裝置

隨時間變化的實體

↕

傅柯、年鑑學派　　轉向

重點解說 ▶ 以敘事歷史創造的民族國家「德國」

「德國人建立的國家」雖然是民族國家「德國」，但德國人大量出現是在十九世紀，所以在此之前沒有德國，創造沒有的東西就是敘事歷史。

▶ 04
自己

　　對笛卡兒來說，我思考（cogito），所以存在是絕對確實之事。我這個存在不靠他物，因此每個人都能自己選擇自己的行為，身體、生命、財產都是我的所有物。現在之所以要為過去的行為負責任，是因為我從出生到死亡都擁有貫穿過去、現在、未來的人格同一性。以這樣的自我存在為基礎，康德的自律原則和洛克的所有權成為近代社會的根本原理。

　　但在十九世紀末期之後，關於我這個主題的理解為虛構一事已被一個一個證明。每個人都是被潛意識擺弄（佛洛伊德）、因為身體而能自由思考（梅洛龐帝）、因為經濟機構規定了意識的樣貌（馬克思）、因為生物權力而確立（傅柯），以及追求無可取代的自己都是沒用的（海德格）。不僅如此，尼采否定了自我，佛教視自我為塵芥（「五蘊」）。

　　回到源頭，為什麼「我」的存在會變成問題？這是因為以思考為基礎，正當化自律和所有原理的討論翻覆了。但事實反而是，因為自律和所有原理已成為社會骨幹四處通用，以此為大前提要求人格同一性才是真相。

　　人格同一性並非記述事實的概念，而是闡述理想的規範概念。一旦搞錯這點，就會不停的追求「我」的存在。

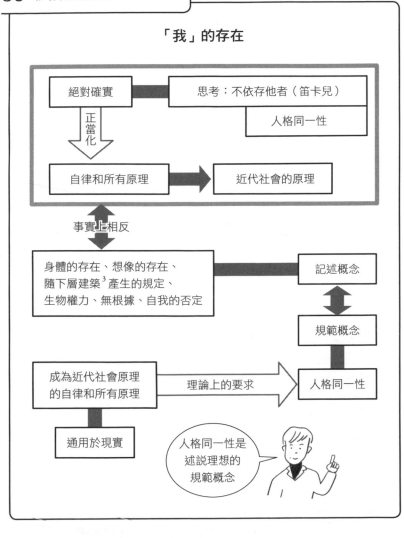

「我」的存在

絕對確實 ── 思考：不依存他者（笛卡兒）

人格同一性

（正當化）

自律和所有原理 ➞ 近代社會的原理

事實上相反

身體的存在、想像的存在、
隨下層建築[3]產生的規定、
生物權力、無根據、自我的否定 ── 記述概念

規範概念

成為近代社會原理
的自律和所有原理 ── 理論上的要求 ➞ 人格同一性

通用於現實

人格同一性是
述說理想的
規範概念

重點解說 ▶ 搞錯理想和現實的哲學家

據歷史社會學者愛里亞斯（Norbert Elias）[4]所言，「自立的自律自我」不
過是哲學家創造出來的理想。

生存的意義

　　這是藤子・F・不二雄的《米諾陶之盤》中，迫降未知行星
的地球太空人的故事。在那個星球上，長得和人類一樣的有珠
族，是牛頭人哞類的家畜。有珠族美少女說：「死後能被當作肉
吃掉就是我人生的目的。」哞類對有珠族來說是神一般的存在，
決定了他們的人生意義。

　　在經濟成長的時代，每個人的目標都是更有錢、更知名。處
於戰爭時期的歐洲，為了防衛母國而從軍是理所當然的。只要有
超絕的價值，大家都能得到人生的明確意義，基督教的神也扮演
同樣的腳色。

　　但是，在「龐大故事」失效的後現代主義中，不存在普遍來
說的超絕價值。精神上陷入喪失方向感的狀況是很自然的。

　　儘管如此，會丟失生存的意義或方向感，也許是因為心中尋
求普世價值。

　　梅洛龐帝說：「沒有東西能剛好稱為意義，但意義還是存
在。」面對不同狀況，就會經常被要求回答自己該存在何處。有
個在戰爭中失去右臂的鋼琴家在演奏會上彈奏「D大調左手鋼琴
協奏曲」（Concerto pour la main gauche），失去手臂是個偶然的
不幸。但是，以後只能靠左手生活。存在，就是將偶然轉換為必
然的裝置。

　　在一期一會的狀況下，意義會自然地發生，而累積這些意
義就是生存的美學（傅柯）。哲學無法教導你什麼是你生存的意
義，只能告訴你意義可能存在何處。

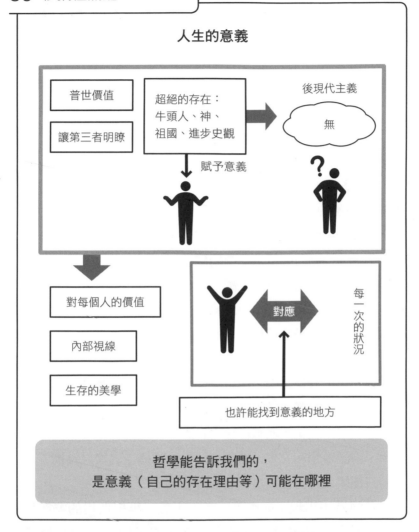

人生的意義

普世價值

讓第三者明瞭

超絕的存在：
牛頭人、神、
祖國、進步史觀

後現代主義

無

賦予意義

對每個人的價值

內部視線

生存的美學

對應

每一次的狀況

也許能找到意義的地方

哲學能告訴我們的，
是意義（自己的存在理由等）可能在哪裡

19

日常中的哲學

重點解說 ▶ 保羅・維根斯坦

前面提到的鋼琴家，是維根斯坦的哥哥保羅。雖然是個極負盛名的鋼琴家，卻在第一次世界大戰中失去右臂，只能委託拉威爾（Maurice Ravel）[5]等人為自己作曲。

▶ 01

快速複習西洋哲學史

　　哲學，從蘇格拉底對知識的渴望開始。

　　其學生柏拉圖以天上的理型追求所有事物的原理，但這馬上就受到追求現實的亞里斯多德批判。

　　中世紀的哲學是「神學之婢」，嘗試將從伊斯蘭世界傳入的亞里斯多德思想和基督教融合的多瑪斯・阿奎納，只將神的本質視為存在。由此歸結至重視個別物件，奧坎的威廉捨棄了理型，也就是拿他的剃刀剃了柏拉圖的鬍子。

　　十七世紀，笛卡兒以主觀／客觀圖式重新切分哲學。後來理性主義和經驗主義的對立由康德取得平衡，而康德批判的德國唯心主義，被認為是傳統哲學史的頂峰，這一切全來自笛卡兒的圖式。

　　但是，十九世紀末，佛洛伊德堆翻了笛卡兒圖式，而馬克思和尼采顛覆了整體西洋哲學。

　　進入二十世紀，繼承經驗主義的分析哲學、從康德說起的現象學、自語言學和文化人類學等衍生的結構主義與後結構主義這樣的三種學說各自擁有自己的支持者。

　　各陣營中出現了如奎因的實用主義、維根斯坦的家族相似性、海德格的本體論、沙特的存在主義、梅洛龐帝的身體現象學、傅柯的權力論述，以及德勒茲、列維納斯、薩依德、複雜系統等，翻轉了傳統哲學的自我中心主義、普世主義（universalism）[1]、本質主義、歐洲中心主義、基礎主義等，實踐德希達解構主義的反哲學也出現了。

哲學思考的發展

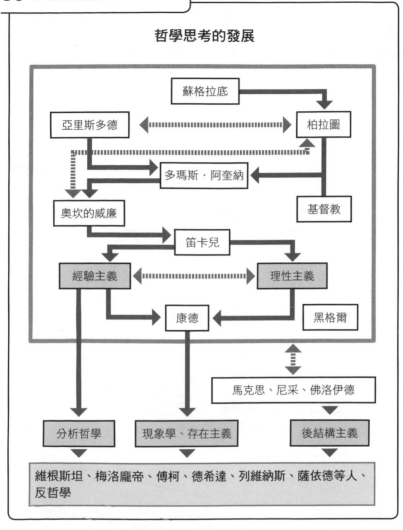

重點解說 ▶ 柏拉圖的評價

二十世紀的數理哲學家懷海德（Alfred North Whitehead）[2]曾這麼說：
「兩千五百年西洋哲學，只不過是柏拉圖哲學一連串的註腳。」但根據波
普爾（Karl Raimund Popper）[3]所言，柏拉圖也是所有主義的思想起源。

▶ 02

哲學式思考模式　問題、時代和模式的連動

　　假設你有一個無論如何都想得到的東西，起先你會傾全力想拿到手。但是，這並不順利。接著，你就會想，為什麼無法得到。最後，你回過神，可能會這麼想，為什麼我會這麼想要那個東西？

　　哲學也經歷的一樣的過程，一開始，柏拉圖等人提問：「存在的原理是什麼？」當得知這個問題的答案並不容易得到，以康德為首的近世近代哲學就將問題轉換成「該怎麼做才有可能知道？」這樣的知識論問題。另一方面，尼采和傅柯等人提出「為什麼想知道那些事」的問題，以虛無主義、生物權力等論述釐清了問題產生的結構。

　　隨著問題的變化也產生三種哲學思考模式，一種是所有根據皆是向現實以外的理型或上帝求來的超越根據模式。第二種是透過笛卡兒建立的主觀／客觀模式，經過康德的時代，由現象學和分析哲學所繼承。第三種全體系統模式是從巨大系統中尋找主體和存在者生存的結構，史賓諾莎、尼采、傅柯、維根斯坦、複雜系統等都是全體系統模式的例子。

　　超越根據模式以規範人類或現實的理想為分析對象；主觀／客觀模式則是對自律、自立這種追求理想的行為作分析；全體系統模式則是以追求理想的人類現實為主體進行討論。

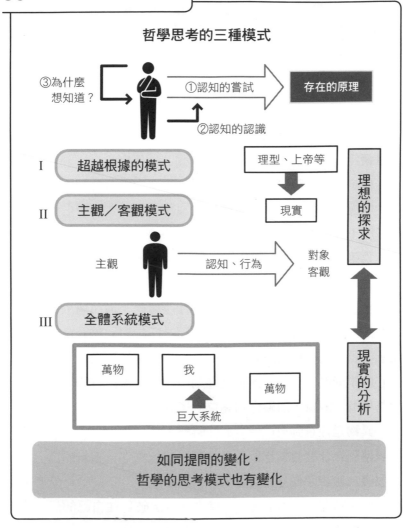

哲學思考的三種模式

③為什麼
想知道？

①認知的嘗試

②認知的認識

存在的原理

I 超越根據的模式

理型、上帝等

現實

理想的探求

II 主觀／客觀模式

主觀

認知、行為

對象
客觀

III 全體系統模式

萬物

我

萬物

巨大系統

現實的分析

如同提問的變化，
哲學的思考模式也有變化

重點解說 ▶ 哲學思考模式的交錯

三種哲學思考模式雖各自符合古代和中世紀、近世和近代、現代，但因為歷史是會同時存在二種體制的，可能逆行、可能反動，所以中世紀的模式復活後有了新的發展也是自然的。

▶ 03
何謂理解哲學？

　　閱讀書籍的時候，就算一開始不是十分了解內容，如果確定書中使用的詞彙意義和問題設定，並注意其中討論，就能大概知道書籍談論什麼。

　　但是，換成哲學的話，不管再怎麼努力，也會發生看不懂內容的狀況。例如，不懂政府契約論在說些什麼、不明白東方主義有甚麼不好的。

　　嘉達美說：「遇到這種難以接受、偶爾還會感覺像踩到異物的不快感，正是加強理解、拓展自己的好時機。」在這種時候，比起再去調查對方，回頭想想「為什麼自己不懂那個」反而更重要。無法理解社會契約論，也許是因為心中對歐美社會契約保持反感。聽到批判東方主義的論調會覺得腦袋一片空白，可能是打從心底崇尚歐美。一旦擁有這種刻板印象、不自覺的偏見，就會成為理解的障礙，阻礙你對論述的了解。

　　異物是注意到自己偏見的好時機，注意到自己的偏見，並且理解自己為什麼會對那個偏見執著，就能夠遇見嶄新的自己、得到啟發。檢視該偏見是否其來有自，隨狀況的不同，可能會放棄該項偏見或是「自我否定」。異物感是突破包住自己的殼、大大成長的機會。

何謂理解哲學？

I 不懂你在説什麼！ ？ → 社會契約論、對東方主義的批判

不舒服的異物

II 為什麼自己不了解？

障礙、妨礙

III 崇尚歐美

偏見

討厭社會契約

真的有根據嗎？ 突破

IV 相對化 為什麼執著？

自我否定

自己得到大幅成長

重點解說 ▶ 嘉達美

嘉達美（1900-2002年）是德國哲學家，建立了從解釋聖經等難解文本的古典詮釋學，到明晰理解和解釋結構、與過去對話的哲學詮釋學。

▶ 04
二十四小時、
三百六十五日的哲學

學會哲學後,看世界的方式就會和過去不一樣。

理解了複雜系統,從手扶梯上大家站在哪邊,到城市的興衰,能夠看出為什麼會形成這些現象的結構。

如果知道觀點主義,就能理解「男女同姓」、「專職主婦」等不過幾十年前產生的制度,為什麼會產生稱為「傳統」的錯覺。

了解自我陶醉(narcissism)的結構,從對時尚特別在意的人,到想贈送自己毛筆字的政治家的心理,乍看之下沒有相關的現象,其實有著某些連結。

至於死刑判決的討論,不單看現象,環顧社會整體、比較社會諸貌的結構主義分析是有用的。比日本死刑更少,或是根本沒有此項制度的國家中,會在事件現場直接射殺犯人。在某個社會僅有少量的特定現象,也可能以別的現象補充。

雖然「騙人」這字眼(人をだます)帶有的意思不佳,但也能用「還能勉強可用」(だましだまし使う)這樣的方式使用在好的面向[4],透過概念分析能看到「騙」的真正意義,像是羞恥讓自己變得坐立難安;感情對人類來說賦有的意義可以透過現象學的分析來一個個解釋清楚。

康德說:「人不學習哲學,只能學習帶有哲學的事。」到處都是通往哲學的大門,二十四小時、三百六十五日,哲學都不打烊。

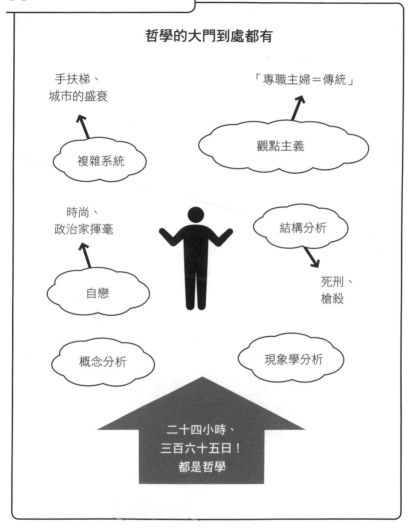

哲學的大門到處都有

手扶梯、
城市的盛衰

複雜系統

「專職主婦＝傳統」

觀點主義

時尚、
政治家揮毫

自戀

結構分析

死刑、
槍殺

概念分析

現象學分析

二十四小時、
三百六十五日！
都是哲學

重點解說 ▶ 理想與現實

待在混沌的時代，就會想要知道應該以什麼作為理想。尋找理想也是一
種哲學，但這個的前提是，必須瞭解現實，能夠幫助你了解現實的就是
哲學分析。

▶ 05

現在、這裡與我的哲學

　　在基督教會掌控的社會下，哲學乃神學之婢。等到中產階級蓄積了實力，以保護其財產為目的的契約論應運而生。相反的，工業社會的弊害顯現後，重視個人苦惱的哲學也出現了。因為時代的需要而產生哲學，但每個哲學肯定都有其缺失。不過，適合現在、這裡、我的哲學，肯定是現在、這裡、我的獨特產物。而且，這個哲學無法適用於他人身上。

　　不僅如此，四百年前出現的契約論等之所以現在還有說服力，是因為它已經成為近代法律和科學的支柱，因此大家都在非自覺的狀態下當作自明之理接受了。但是，到了近代各制度逐漸失效的現在，過去的自明之理就有了重新討論的必要。

　　再加上我們生活在日本，日本人的處世之道和人際關係的建立、認同事物的方式等，已經內化為我們的血肉。比起「理型」、「本質」使用「理所當然」；與其用「個人」不如講「一個人」、「分別」；不用「自我實現」而說「（職位）晉升」等，這樣的詞彙使用被認為是更柔軟且大膽的；「太浪費了」成為支持全世界環境運動的哲學。

　　為了找出現在、這裡與我的哲學，必須調整自古以來的分辨方式，和西洋的二種思考系統。這也是前進世界哲學的道路，而實踐此事的是各位讀者，你們自己。

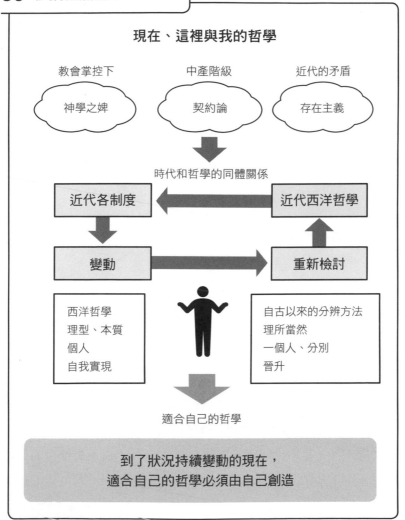

現在、這裡與我的哲學

教會掌控下　　　　　中產階級　　　　　近代的矛盾

神學之婢　　　　　　契約論　　　　　　存在主義

時代和哲學的同體關係

近代各制度　◀━━━　近代西洋哲學

變動　━━━▶　重新檢討

西洋哲學
理型、本質
個人
自我實現

自古以來的分辨方法
理所當然
一個人、分別
晉升

適合自己的哲學

到了狀況持續變動的現在，
適合自己的哲學必須由自己創造

重點解說 ▶ 正因學習了過去才有「現在、這裡與我的哲學」

為了建立現在、這裡與我的哲學，也許你會覺得有些矛盾，但是必須學習過去的哲學，因為現在的制度和思考模式中也夾雜著過去的哲學。

結語

你知道「中二病」這個詞嗎？

據說這個詞的由來是指十四歲前後，正義感莫名強烈的年紀，但也有人即便長大了也沒治好這個病。

中二病的三段論，我將之整理為以下這般。

大前提「世界上有絕對真理」
小前提「只有自己知道那個真理」
結論「因此，大家都必須聽我的話」

大部分的哲學家都有中二病。

*

有個活躍於1990年代前後的哲學家叫做木田元，他是二次大戰結束後，從戰地回國，靠著在黑市交易過日子來學習海德格思想，留下多數名著和弟子的人，而木田元說過一句這樣的話。

「西歐哲學是有奇妙思考方式的傳統。」

*

但是，有困難的時候，無法無視哲學。

因為不管是生活在現代的我們的腦海中、心中或是周圍的社會和各種制度中，歐美哲學早已潛藏其中。

更困難的是，哲學是難以理解的。

「鍛鍊體幹就能提高熱量消耗」，這句話和康德的言論有很大的不同。

體幹這樣的話，不過是普通的日語。大家也都能了解這句話，如果是對減肥或健康有興趣的人，還會覺得聽了對自己有幫助。

但是康德就不是如此，他使用的詞彙是大家不懂的（例如「悟性」）。就算懂得他的用語，也不理解他話中的脈絡（為什麼「沒有概念就無法知覺」）。為什麼他會說出這樣的話？不理解這個問題設定，最後也不會理解這些話和自己有什麼關聯。

本書將這些用語和思考脈絡、問題設定用最平易近人的話來說明，而且幾乎是以身邊的事例或疑問作為說明的起點，若能讓你覺得哲學就是你的日常生活將是我的榮幸。

過去我曾寫了三本針對初學者的哲學史，《圖說標準哲學史》（新書館）、《哲學地圖》（筑摩新書）、《圖解雜學：哲學》（夏目社）。如果讀了本書後，想要更深入哲學世界的讀者，請不吝閱讀。

主要哲學家的個人檔案

奧古斯丁（Aurelius Augustinus）（354-430年）

確立基督教的教義、建立中世紀哲學基礎的哲學家，以生卒年年來看，可稱為「最後的古代哲學家」。北非出生的他，原先是摩尼教徒。聖人，主要著作有《懺悔錄》（Confessiones）、《上帝之城》（De Civitate Dei）。

亞里斯多德（Aristotle）（前384-前322年）

馬其頓人，柏拉圖的學生。對政治、自然、悲劇等方面留有著作，其邏輯學直到二十世紀初都被視為標準。著有《形上學》、《尼各馬可倫理學》（Ethica Nicomachea）、《詩學》（Ars Poetica）等。

維根斯坦（Ludwig Wittgenstein）（1889-1951年）

生於維也納，活躍於英國。第一次世界大戰從軍時於戰壕中寫下的《邏輯哲學論》（Logisch-Philosophische Abhandlung）影響了維也納學派，遺稿《哲學研究》影響了日常語言哲學（Ordinary language philosophy）。

奧坎的威廉（William of Ockham）（1285-1347年）

出生於英格蘭，中世紀哲學後期的代表人物。以「存在不會毫無必要的增加」這種節約的原理，也就是「奧坎的剃刀」而聞名。參考文獻：清水哲郎《奧坎的語言哲學》（勁草書房）。

卡爾納普（Rudolf Carnap）（1891-1970年）

生於德國伍珀塔爾（Wuppertal），活躍於維也納和芝加哥。強調科學知識和邏輯學基礎的邏輯實證主義代表人物，著有《意義與必然》（Meaning and necessity）、《語言的邏輯句法》（The Logical Syntax of Language）等。

康德（Immanuel Kant）（1724-1804年）

出生於德國北部的柯尼斯堡，批判式的檢討理性等人類的能力界限，對倫理學和美學有著極大影響。主要著作為《純粹理性批判》、《實踐理性批判》、《判斷力批判》。

吉布森（James Jerome Gibson）（1904-1979年）

生於俄亥俄州，康乃爾大學心理學教授。第二次世界大戰時參與美國陸軍航空部的飛行員教育，環境賦使的提倡者，著有《視知覺生態論》（The Ecological Approach to Visual Perception）。

齊克果（Søren Kierkegaard）（1813-1855年）

生於哥本哈根，批判當時的代表性哲學家黑格爾。追求各自具體且現實的存在，為存在主義先驅。著有《憂懼之概念》（The Concept of Anxiety）、《致死之病》（Sygdommen til Døden: En christelig psychologisk Udvikling til Opbyggelse og Opvækkelse）等。

奎因（Willard van Orman Quine）（1908-2000年）

生於俄亥俄州，任教於哈佛大學。根據《從邏輯的觀點看》（From a Logical Point of View）中收錄的〈經驗論的兩個教條〉（Two Dogmas of Empiricism），顯露出他對近世以來的經驗論中潛藏的獨自見解。

孔子（前552-前479年）

中國春秋時代，生於魯國。以德政治國為其理想周遊列國，出仕於魯國等。據聞有弟子三千人，其言行以《論語》等流傳於世，著有史書《春秋》。

薩依德（Edward Said）（1935-2003年）

生於耶路撒冷的巴勒斯坦人，是哥倫比亞大學英文學和比較文學的教授。對於以巴衝突（Israeli–Palestinian conflict）多所行動與發言，著有《東方主義》、《文化與帝國主義》（Culture and Imperialism）等。

沙特（Jean-Paul Sartre）（1905-1980年）

生於巴黎，除有哲學、小說、戲曲等旺盛的寫作活動，也參與阿爾及利亞等去殖民運動。著有《存在主義是一種人道主義》（L'Existentialisme est un humanisme）、《存在與虛無》（L'Être et le Néant）、《辯證理性批判》（Critique de la raison dialectique）、《嘔吐》（La Nausée）等。

謝林（Friedrich Wilhelm Joseph von Schelling）（1775-1854年）

擔任柏林大學等的教授，在圖賓根大學神學院與黑格爾和荷爾德林（Friedrich Hölderlin）[1]為同窗好友。德國唯心主義的代表人物，他的思想也影響了複雜系統理論，著有《對人類自由本質及與之相關連聯的對象的哲學研究》（Investigations of Human Freedom）等。

叔本華（Arthur Schopenhauer）（1788-1860年）

生於面對北海的格但斯克（但澤，位於波蘭），於《作為意志和表象的世界》（Die Welt als Wille und Vorstellung）談論了自康德和古印度思想衍生的厭世哲學，也因肯定自殺的《關於自殺》（über den selbstmord）等擁有廣大的讀者。

史賓諾莎（Baruch de Spinoza）（1632-1677年）

出生於阿姆斯特丹的猶太家庭，因批判猶太教而被絕罰（Excommunication）、逐出教會。與波以耳（Robert Boyle）[2]和惠更斯（Christiaan Huygens）[3]也有交流，著有《依幾何次序所證倫理學》（Ethica Ordine Geometrico Demonstrata）、《神學政治論》（Tractatus Theologico-Politicus）等。

莊子（生卒年不詳）

中國戰國時代，宋國人。「莫不是蝴蝶做了一個夢變成自己？」這樣的「蝴蝶夢」等徹底比喻日常，除了是老子學說的繼承者，也對儒家有相當影響，著有《莊子》等。

蘇格拉底（Sōkratēs）（前469左右-前399年）

出身古雅典職人階級，伯羅奔尼斯戰爭時從軍。雖然擁有眾多學生，卻以腐蝕青年思想之罪名被處以死刑。沒有自己的著作，可從學生柏拉圖的著作中窺見其思想。

索緒爾（Ferdinand de Saussure）（1857-1913年）

生於日內瓦，根據學生收集課堂上的聽講筆記所編寫的《普通語言學教程》，這本書對梅洛龐帝的現象學、李維史陀的結構主義、羅蘭·巴特等人的符號學有著極大影響。

笛卡兒（René Descartes）（1596-1650年）

父親為法國中部的低階貴族，著有《談談正確引導理性在各門科學上尋找真理的方法》（Discourse on the Method）和《沉思錄》（Meditationes de prima philosophia）等，笛卡兒的哲學思想是近代哲學的基礎，二十世紀的哲學經常以談論笛卡兒開始。

德希達（Jacques Derrida）（1930-2004年）

出生於阿爾及利亞的猶太家庭，分解西洋哲學的「解構主義」，對法學和文學等領域都產生了影響，著有《書寫與差異》、《播撒》（La Dissémination）、《另一個海角》（L'autre cap）等。

德勒茲（Gilles Deleuze）（1925-1995年）

生於巴黎，除了評論柏格森等哲學家、普魯斯特等文學以及在電影領域的著作，還有與精神科醫師瓜達希合著的《反伊底帕斯》。

多瑪斯·阿奎納（Thomas Aquinas）（1225-1274年）

生於南義大利的貴族之家，活躍於巴黎大學等。統合了過去歐洲不為人所知的亞里斯多德哲學和基督教，神學家，主要著作為《神學大全》（Summa Theologica）。

尼采（Friedrich Wilhelm Nietzshe）（1844-1900年）

生於德國萊比錫近郊，父親是名牧師。二十四歲取得瑞士巴塞爾大學古典哲學教授職位，著有《查拉圖斯特拉如是說》（Also Sprach Zarathustra, Ein Buch für Alle und Keinen）、《權力意志》（Der Wille zur Macht）等，對現代思想有相當的影響。

海德格（Martin Heidegger）（1889-1976年）

生於德國南部，父親為教會職員。《存在與時間》（Sein und Zeit）雖為存在主義的中心哲學，後期卻轉回「存在問題」（die Seinsfrage），著有《論人文主義》（Über den《Humanismus》）等。

帕斯卡（Blaise Pascal）（1623-1662年）

生於法國中部，父親是名徵稅官。在數學和力學領域都有貢獻，他是名忠誠的基督教徒，所以強烈批評笛卡兒。帕斯卡也被視為存在主義的先驅，著有《思想錄》（Pensées）。

羅蘭・巴特（Roland Barthes）（1915-1980年）

生於法國瑟堡（Cherbourg），著有《寫作的零度》（Le Degré zéro de l'écriture）、《流行體系》（Système de la mode）、《戀人絮語》（Fragments d'un discours amoureux）、《明室：攝影札記》（La Chambre claire）、《神話學》（Mythologies）等。

休謨（David Hume）（1711-1776年）

生於愛丁堡，從經驗主義的立場徹底分析知識成立的過程，最後走向極端的懷疑主義。休謨的《英國史》（The History of England）是當時的暢銷書，主要著作為《人性論》（A Treatise of Human Nature）。

費希特（Johann Gottlieb Fichte）（1762-1814年）

生於德國德勒斯登（Dresden）的農家，受康德的影響建立了自我中心的體系，是德國唯心主義的代表性哲學家。著有《全部知識學的基礎》和演講「告德意志國民書」（Addresses to the German Nation）等。

傅柯（Michel Foucault）（1926-1984年）

生於法國普瓦提（Poitiers），透過《瘋癲與文明》（Histoire de la folie à l'âge classique）、《詞與物》（Les Mots et les choses）、《規訓與懲罰》（Naissance de la prison, Surveiller et punir）、《性史I》（Histoire de la sexualité: La volonté de savoir）找出支配理性人格的歐洲人之結構和制度。

胡塞爾（Edmund Husserl）（1859-1938年）

生於現在的捷克，父親是名猶太布商。胡塞爾探究出倫理結構、萬物、世界和他人等地生成構造，著有《純粹現象學通論》（Ideen zu einer reinen Phänomenologie und phänomenologischen Philosophie）、《笛卡兒沉思錄》（Cartesianische Meditationen）等。

佛陀（西元前5世紀左右）

又稱釋迦牟尼、釋迦，生為王族。據說在城市東門遇見老人、南門遇見病人、西門遇見死人，感受到生活的苦之後，於北門遇見僧侶而決定出家（「四門遊觀」）。

柏拉圖（Platōn）（前427-前347年）

古雅典王族，蘇格拉底的學生、亞里斯多德的老師。理型論（Theory of Forms）結合了基督教，成為西洋哲學的基本圖式。著有《會飲篇》（Symposion）、《蘇格拉底的申辯》（Apologia Sōkratous）、《理想國》（polīteia）、《法律篇》（Nómoi）等。

佛洛伊德（Sigmund Freud（1856-1939年）

維也納的精神科醫師，父親是猶太毛料商人。因為發現潛意識的外傷為精神官能症（Neurosis）的原因而確立精神分析，著有《夢的解析》（Die Traumdeutung）、《精神分析引論》（Vorlesungen zur Einführung in die Psychoanalyse）等。

黑格爾（Georg Wilhelm Friedrich Hegel）（1770-1831年）

出生在德國司徒加特（Stuttgart）的公務員家庭，和貝多芬同年。以辯證法作為武器，建構了網羅所有體系的哲學。著有《精神現象學》（Die Phänomenologie des Geistes）、《大邏輯》（Wissenschaft der Logik）、《美學》（Vorlesungen über die Ästhetik）等。

柏格森（Henri Bergson）（1859-1941年）

生於巴黎，法蘭西公學院（Collège de France）教授。在國際聯盟（League of Nations）的舞台上也為聯盟盟約奔走，批判時間的空間化，主張生命哲學（Lebensphilosophie）。著有《物質與記憶》（Matière et Mémoire）、《創化論》（L'evolution créatrice）等。

馬克思（Karl Marx）（1818-1883年）

生於西德，父親是猶太裔律師。活躍於英國，對經濟、歷史、價值領域的理論，影響了全世界的社會主義運動，作品有與恩格斯（Friedrich Engels）[4] 合著的《資本論》（Das Kapital）等。

梅洛龐帝（Maurice Merleau-Ponty）（1908-1961年）

巴黎大學教授，相當早就注意到索緒爾、李維史陀和拉岡，結合現象學和結構主義，縝密的分析知覺和身體。著有《知覺現象學》（Phénoménologie de la perception）、《兒童對他人的關係意識》（Les relations avec autrui chez l'enfant）等。

萊布尼茲（Gottfried Wilhelm Leibniz）（1646-1716年）

德國萊比錫大學（Universität Leipzig）教授的兒子，雖為理性主義哲學家，卻和洛克[5]經常書信往來，此外也與牛頓先後獨立發明了微積分。著有《單子論》（La Monadologie）、《形上學論》（Discours de métaphysique）等。

萊爾（Gilbert Ryle）（1900-1976年）

牛津大學教授，相對於卡爾納普等人的邏輯實證主義注意到邏輯學等人工語言，萊爾企圖透過日常語言分析消解哲學問題，著有《心的概念》。

拉岡（Jacques Lacan）（1901-1981年）

法國精神科醫師，以結構主義解讀佛洛伊德的精神分析，後結構主義的代表人物。早期即影響梅洛龐帝，也影響了齊澤克（Slavoj Žižek）[6]等人，著有《文選》（Écrits）等。

李歐塔（Jean-François Lyotard）（1924-1998年）

生於巴黎近郊，父親是阿爾及利亞的哲學老師，李歐塔則為巴黎大學教授。主張「宏大敘述的崩潰」，為後現代主義的代表人物，著有《後現代狀態》（La condition postmoderne）等。

盧梭（Jean Jacques Rousseau）（1712-1778年）

父親是日內瓦的製錶師，除了《社會契約論》（Du contrat social ou Principes du droit politique）等政治哲學、《愛彌兒》（Émile）這樣的教育論，也曾寫下知名曲目〈格林維爾〉（Greenville），其思想影響了中江兆民[7]等人。

李維史陀（Claude Lévi-Strauss）（1908-2009年）

生於比利時布魯塞爾（Brussels）的猶太家庭，法蘭西公學院教授。以《親屬關係的基本結構》（Les Structures élémentaires de la parenté）確立結構人類學，《野性的思維》（La Pensée sauvage）乃暢銷書。

列維納斯（Emmanuel Levinas）（1906-1995年）

生於立陶宛，活躍於巴黎。為胡塞爾、海德格的學生，以猶太思想為背景，展開以絕對他者為基軸的倫理學，著有《整體與無限》（Totalité et infini）、《異於存有或超出本質之外》（Autrement qu'être ou Au-delà de l'essence）等。

老子（生卒年不詳）

生於西元前六世紀，中國春秋時代的楚國，包含其真實性在內有各種說法。無為自然是老子思想的宗旨，漢朝成立道教之際，還將老子納為其中供奉的神明，著有《老子》。

洛克（John Locke）（1632-1704年）

生於英國，父親是騎兵隊長。建立經驗主義、古典經濟學的基礎，使政府契約論成為光榮革命、美國獨立宣言的理論支柱，著有《政府論》（Two Treatises of Government）、《人類理解論》（An Essay Concerning Human Understanding）等。

譯註

1 哲學是怎樣的思考方式？

[1] 譯註：明治時代的思想家，通稱經太郎。明治維新後於政府工作，起草軍人敕諭，著有「百一新論」、「致知啟蒙」等。

[2] 譯註：因為研究分析哲學的學者多分布於英、美和澳洲，也稱為英美哲學。

第1部 古代和中世紀哲學

[1] 譯註：修辭學（rhetoric）是與辯論、敘述技巧相關的學問，與修辭術、雄辯術等同樣是推演說的技術。

[2] 譯註：上位概念（superordinate concept）指的是，當二種概念有包括和被包括的關係，包括方就是上位概念。以「鳥」為例，其上位概念就是「動物」。

2「哲學」的起源

[1] 譯註：泰利斯（Thalēs）是古希臘時期的哲學家和科學家，希臘七賢之一、米利都學派的創始人，也是西方思想史上第一個留有名字記載著思想家。

[2] 譯註：赫拉克利特（Heraclitus）是古希臘哲學家，愛菲斯學派的創始人，因為愛用隱喻、悖論，被後人稱為「晦澀者」。

[3] 譯註：阿那克西曼德是泰利斯的學生，據說還是希臘第一個繪製地圖的人。

[4] 譯註：德謨克利特是古希臘的自然派哲學家、古代唯物思想的重要代表，也是「原子論」的創始者。

[5] 譯註：巴門尼德，也作愛利亞的巴門尼德，西元前五世紀最重要的「前蘇格拉底」古希臘哲學家之一。

[6] 譯註：阿那克西美尼（Anaximenes of Miletus）是阿那克西曼德的學生，也是古希臘哲學米利都學派的學者。

譯註：恩培多克勒（Empedocles）西元前五世紀的古希臘哲學家，為證明自己的神性投身火山而亡。

8 譯註：阿那克薩哥拉（Anaxagoras）為古希臘哲學家與科學家，將哲學思想帶入雅典，影響了蘇格拉底。

9 譯註：侘寂一種以接受短暫和不完美為核心的日式美學，侘寂的美有時被描述為「不完美的、無常的、不完整的」。侘寂的特徵包括不對稱、粗糙或不規則，簡單、經濟、低調、親密和展現自然的完整性，侘寂美學是日本傳統美學中最顯著的特點。

10 譯註：此處指的是松尾芭蕉。

3 中世紀：神學之婢

1 譯註：奧米亞王朝（Banu Umayyad）在中國史籍稱為白衣大食，是由奧米亞家族統治的哈里發國，也是阿拉伯帝國的第一個世襲王朝。

2 譯註：安瑟莫（Anselmus）是義大利哲學家與神學家，1093-1109年任職坎特伯雷大主教，所以又稱坎特伯雷的安瑟莫。他被尊稱為最後一位教父與第一位經院哲學家，運用形式邏輯論證基督教的正統教義，並提出關於上帝存在的「本體論證」及救贖論的「補贖說」，將中世紀的神學議題推向新方向。

3 譯註：鄧斯·司各脫（Duns Scotus）蘇格蘭的經院哲學家、神學家、唯實論者，提出物質具有思維能力的推測，其論據是天主是萬能的，可以讓物質具備思維的能力，著有《巴黎論著》、《牛津論著》、《問題論叢》等。

4 譯註：世阿彌為藝名，是日本室町時代初期的猿樂演員與劇作家。與其父觀阿彌同為集猿樂大成者，留下了許多著作。

5 譯註：哥多華（Córdoba）位於西班牙，為哈里發統治歐洲時的首都，版圖擴展至伊比利半島時留下，當時為西歐最大城市，推算人口約五十萬。

6 譯註：摩尼教（Manichaeism）是波斯人在西元三世紀時所創的宗教，其教義綜合了佛教、基督教和祆教。興盛時，與基督教並列，奧古斯丁歸依基督教之前曾是摩尼教的教徒。

7 譯註：希波城位於北非的阿爾及利亞，從史前就有航海商人居住，羅馬人佔領時改名希波城，現為安納巴。

8 譯註：伊本‧西那是波斯哲學家、醫學家、自然科學家、文學家，是波斯亞里斯多德學派的主要代表之一。

9 譯註：伊本‧魯世德是著名的安達盧斯哲學家和博學家，研究古希臘哲學、伊斯蘭哲學、伊斯蘭教法學、醫學、心理學、政治學、音樂、地理、數學、天文和物理學。支持亞里斯多德的哲學，認為一切現象都遵從神創造的自然規律，而不是因神的意願而發生。因為對西方哲學有重要的影響，被稱作「西歐世俗思想之父」。

第2部　近世和近代哲學

1 譯註：岸田麗子是畫家岸田劉生的女兒，「麗子像」是劉生的一系列畫作，畫作主角即為麗子，可說是日本最有名的少女，美術教科書中一定會看到身穿紅色和服，留著的妹妹頭、側著臉微笑的小女孩，現收藏於東京國立博物館，為重要文化財。

4 自我的萌芽

1 譯註：刀狩令為豐臣秀吉於1588年頒布、推行兵農分離的政策，禁止武士以外之人擁有武器，沒收農民兵器的目的則是為了解除農村武裝。

2 譯註：元祿文化是十七世紀末至十八世紀初的元祿時代，以京都、大阪等上方為中心發展的江戶前期文化。以新興町人，特別是上方的商人為主要推手，特色是庶民色彩濃厚，文藝面也有十分顯著的發展。

3 譯註：正德之治是指江戶時代正德年間，六代將軍家宣與七代將軍家繼的時期，以新井白石為中心進行的文治政治。企圖以儒學理念匡正元祿時期的政治亂象，重振財政。

4 譯註：阿蘭原名埃米爾奧古斯特‧沙爾捷（Émile-Auguste Chartier），是法國哲學家、忠實的人道主義者，也是笛卡兒的學生。

5 理性的世紀：合理論和經驗論

1 譯註：自然狀態（State of nature）是一個道德及政治哲學的概念，廣泛用於宗教、社會契約論及國際法，自然狀態是一個假想狀況，幻想人類在社會狀態存在以前的生活狀況。

2 譯註：自然法（Natural law）為獨立於政治上的實在法而存在的正義體系，通常而言，自然法的意義包括道德理論與法學理論。

³ 譯註：霍布斯（Thomas Hobbes）是英國的政治哲學家，創立了機械唯物主義的完整體系，他提出「自然狀態」和國家起源說，認為國家是人民為了遵守「自然法」而訂立契約所形成的，是一部人造的機器人，當君主可以履行契約、保證人民安全，人民應該對君主完全忠誠。

⁴ 譯註：據說康德一生都非常的規律，會在固定的時間看書、散步。

6 近代的初始階段：康德

¹ 譯註：克里斯蒂安・沃爾夫（Christian Wolff）為德國哲學家，近世自然法理論學者、萊布尼茲的學生，後來影響了康德。

² 譯註：柏克萊（George Berkeley）是著名的英裔愛爾蘭哲學家，同時為聖公會駐愛爾蘭科克郡克洛因鎮的主教，與洛克和休謨被認為是英國近代經驗主義哲學家中的三大代表人物，美國加州的柏克萊市便是以他的名字命名。

³ 譯註：漢薩同盟是十二至十三世紀，中歐的神聖羅馬帝國與條頓騎士團諸城市之間形成的商業、政治聯盟，以德意志北部城市為主。十四世紀末至十五世紀初達到鼎盛，加盟城市最多達到一百六十個。

⁴ 譯註：羅爾斯是美國的政治哲學家、倫理學家，畢業於普林斯頓大學，曾在哈佛大學擔任哲學教授，著有《正義論》、《政治自由主義》、《作為公平的正義：正義新論》、《萬民法》等名著，是二十世紀最著名的政治哲學家之一。

⁵ 譯註：現象界（Phaenomena）是經過五官感覺與知性認識的世界，也就是人的經驗感性與概念合成的世界；叡智界是超越現象而自體存在著的所謂「物如」或「物自身」的世界。

7 近代哲學

¹ 譯註：普魯士乃中世紀至第二次世界大戰結束為止，存在歐洲中北部的一個國家或地區，在歷史上是德意志統一以及德意志帝國立國的主要力量。

² 譯註：《都鄙問答》是江戶時代中期成立的心學運動經典，述說與武士道相對的町人道，這部作品的作者就是丹波桑田郡東懸村百姓出身的商人市井學者石田梅岩。

³ 譯註：昌平坂學問所為幕府時代最高教育機構，通稱昌平黌。

4 譯註：《海國兵談》是江戶時代中期著名政治學者林子平所寫的政論書，歷時四年自籌經費出版，終於讓本書面世，然而遇到政治氣氛緊張，不久後被政府沒收。但林子平堅持手抄，坊間流傳著手抄本，這才讓內容流傳下來。

5 譯註：本居宣長是日本江戶時代的思想家、語言學家，也是日本國學的集大成者。

6 譯註：葛飾北齋為江戶時代後期的浮世繪師，日本化政文化的代表人物，著名的〈神奈川沖浪裏〉即為風景畫《富嶽三十六景》系列作品之一。

7 譯註：歌川廣重是日本浮世繪畫家，他的天賦被西方的印象派和後印象派畫家認同。1833-1834年間的五十五幅風景畫系列《東海道五十三次》確立了他成為有史以來最受歡迎浮世繪畫家之一的地位。

8 譯註：此處應是指柏林洪堡大學（Humboldt-Universität zu Berlin, HU Berlin），這是德國首都柏林最古老的大學，於1809年由普魯士教育改革者及語言學家威廉‧封‧洪堡及弟弟亞歷山大‧封‧洪堡所創立，是第一所新制的大學，擁有十分輝煌的歷史，對於歐洲乃至於全世界的影響都相當深遠，該校後因二戰而與柏林自由大學誕生關聯密切。

9 譯註：地錦也稱爬牆虎，原產朝鮮半島、日本及中國華北和東北地區，可作為裝飾植物，栽植於建築物外牆，既美觀又能替室內降溫攝氏三至五度。

10 譯註：羅西尼生前創作了三十九部歌劇以及宗教音樂和室內樂，他的第一部成名歌劇是《唐克瑞迪》（Tancredi），此後聲譽蒸蒸日上。

11 譯註：海德格是德國哲學家，被譽為二十世紀最重要的哲學家之一。他在現象學、存在主義、解構主義、詮釋學、後現代主義、政治理論、心理學及神學有舉足輕重的影響。

8 近代的矛盾

1 譯註：費爾巴哈是十九世紀的德國哲學家、人類學家，主要理論為機械論的唯物主義，主要著作有《黑格爾哲學的批判》和《基督教的本質》等。

2 譯註：法國哲學家柏格森是1927年諾貝爾文學獎得主，以優美的文筆和具豐富吸引力的思想著稱。

³ 譯註：西南戰爭是發生在今日本熊本縣、宮崎縣、大分縣及鹿兒島縣地區，以西鄉隆盛為盟主的士族藉清君側之名義發動的起事，也是日本至今最後一場內戰。

⁴ 譯註：無名怨憤是尼采著作中的一個關鍵概念，來自法語 Ressentiment，指經濟上處於低水平的階層對經濟上處於高水平的階層普遍抱有的積怨，或因自卑、壓抑而引起的憤慨。

⁵ 譯註：超我是人格結構中的管制者，由完美原則支配，在佛洛伊德的學說中，超我是父親形象與文化規範的符號內化，傾向站在「本我」這個原始渴望的反對立場，對「自我」帶有侵略性。

⁶ 譯註：德勒茲是法國後現代主義哲學家，他的哲學思想其中一個主要特色是對欲望的研究，並由此出發到對一切中心化和總體化的攻擊。

⁷ 譯註：倭鏗（Rudolf Christoph Eucken）是德國唯心主義哲學家，1908年諾貝爾文學獎獲得者。倭鏗的哲學思想著重精神價值，認為使人成為人的，是精神人格，人憑精神獲得昇華。精神的本質在於從生命環境和衝動中獲得解放，獲得自由。

⁸ 譯註：羅素（Bertrand Russell）是英國哲學家、數學家和邏輯學家，致力於哲學的大眾化、普及化。

⁹ 譯註：沙特（Jean-Paul Sartre）是著名法國哲學家、作家、劇作家、小說家、政治活動家，存在主義哲學大師及二戰後存在主義思潮的領軍人物，被譽為二十世紀最重要的哲學家之一。

9　二十世紀哲學的三大潮流 I

¹ 譯註：新康德主義為新觀念論（Neo-idealism）的一種，在1870年到1920年間，德國有一批哲學家為恢復康德精神與方法，推行運動後所發展出來的主張。

² 譯註：梅洛龐蒂為法國哲學家，在現象學運動中扮演極為重要的角色，闡發了一種獨到的「身體哲學」，其思想深受胡塞爾和海德格影響。

³ 譯註：列維納斯乃當代猶太裔法國哲學家，出生於今日的立陶宛共和國，1928年於弗萊堡大學跟隨胡塞爾研習現象學。他對海德格的《存在與時間》有深入的研究，其著作可以說是對海德格的一種批判與延續。列維納斯認為，胡塞爾的現象學以及海德格的存有哲學之盲點在於，他們的整體思想結構都關注在「存在者」通往「存在」的存有論途徑上，

他則是逆向思考，思索「存在」如何到「存在者」，並且將優先性讓給了「他者」。

4　譯註：嘉達美為著名的德國哲學家，詮釋學大師，二十世紀最具影響力的哲學家之一，其1960年出版的著作《真理與方法》使其聞名於世。

5　譯註：哈伯瑪斯是當代西方重量級的哲學家、社會理論家，被譽為「法蘭克福學派第二代領袖」、「西方人文社會科學界領軍人物」。

6　譯註：自然態度（Natural Attitude）是胡塞爾現象學思想的重要概念之一，這裡所謂「態度」是指自我保持的習慣傾向或對世界認知的觀點。

7　譯註：現象學還原或稱超驗還原（transcendental reduction）、觀念還原（eidetic reduction），是胡塞爾現象學中的重要哲學方法。現象學的還原法在排除、擱置自然態度與事實世界，以期回歸認知自我的超驗主體性和所知事物的自身與本質。

8　譯註：鄂蘭是1906年出身於德國的猶太哲學家，是存在主義哲學家海德格與雅斯培的學生，在納粹統治時移居美國，一生關注猶太民族的命運，積極支持猶太復國主義運動，拯救猶太文化。鄂蘭的著作豐富，當中《極權主義的起源》奠定了她政治哲學家地位，並一度成為左右美國學術潮流之思想家，是近代重要的女性哲學家之一。

9　譯註：實存又可譯為自立性，源於拉丁文「Subsistere」，意指繼續；是對存在（existence）而言，但也可互用，不過存在較多用於生物性的生存，實存則是完整的實體，在其自身而不依附在另一事物之上。

10　譯註：波娃是法國傑出哲學家、女性問題思考先驅者、傑出作家、知識分子、政治活動家、社會理論家，1970年代女權運動的重要理論家和創始人。雖然她並不認為自己是哲學家，但她在女性主義和存在主義領域都有很大影響。1929年，她畢業於巴黎索邦大學，旋即以第二名的成績取得哲學教師資格，僅次於第一名的尚‧保羅‧沙特；她與沙特二人終生維持伴侶關係，彼此是思想觀念上的最佳夥伴，也積極介入政治，參與二十世紀世界局勢變化，積極關心社會，皆躋身二十世紀最具影響力人物行列。

11　譯註：卡謬是法國小說家、哲學家、戲劇家、評論家，1957年，卡謬獲頒諾貝爾文學獎；這項殊榮不僅表彰他在著述上的傑出成就，無疑也是因為他從未停止對抗一切意欲摧毀人的事物。就在眾人引頸期盼他的新寫作之際，1960年1月4日，卡謬在一場車禍中遽然辭世。

10 二十世紀哲學的三大潮流 II

1. 譯註：卡爾納普是二十世紀著名的美國分析哲學家，經驗主義和邏輯實證主義的代表人物，維也納學派的領袖之一。卡爾納普是學物理和數學出身的，在耶拿大學曾受業於弗雷格門下，研究邏輯學、數學、語言的概念結構，受羅素和弗雷格的著作影響。

2. 譯註：奧斯丁是英國著名的分析哲學家，牛津學派日常語言哲學的代表人物。

3. 譯註：萊爾是英國哲學家，受維根斯坦的語言分析啟發，是日常語言哲學的代表人物。

4. 譯註：奎因是二十世紀最有影響的美國哲學家、邏輯學家之一，他的主要著作包括《經驗論的兩個教條》，攻擊了在分析命題和綜合命題之間的差別，並提倡了一種形式的語義整體論；和《語詞和對象》，進一步的發展了這種立場並介入了著名的翻譯的不明確性論題。

5. 譯註：湯川秀樹是日本第一位諾貝爾獎得主，皇家學會學士（FRS）、日本理論物理學家，理學博士。湯川研究位在原子核內部使質子與中子結合的強交互作用，並在1935年發表推測其之間應有介子的存在。1947年，英國物理學家從宇宙線中發現π介子，同時也證明了湯川的理論。因此，湯川在1949年獲頒諾貝爾物理學獎。

6. 譯註：超常現象又稱為靈異現象，是指與科學和常識相互矛盾的現象。因為超常現象無法用已存在的邏輯架構或普遍被接受的現實知識來解釋，這些真實性並未確定的現象，通常不被主流的科學家所承認。

7. 譯註：順勢療法於十八世紀末由德國醫生山姆赫尼曼發明，是一種自然療法，採用礦物、植物和生物中有效成分之超微劑量，無毒性也沒副作用，可治療小兒腹瀉、感冒、皮膚過敏、運動痠痛、牙疼、婦女疾病等急慢性疾病。

8. 譯註：輔助性假說是由英籍匈牙利數學哲學家和科學哲學家拉卡托斯（Imre Lakatos）所提出的理論

9. 譯註：勒維耶是法國的數學家、天文學家，主要貢獻是計算出海王星的軌道，根據其計算，柏林天文台的德國天文學家伽勒觀測到了海王星。

10. 譯註：家族相似性（Family resemblance）是維根史坦意義理論（Meaning Theory）中的一個重要概念；指的是用同一個字來代表不同事物或狀態，這些事物或狀態雖然不同，卻像家族的成員一樣，具有某些相似的

特徵，且屬於同一家庭。

11 譯註：德希達是當代法國解構主義大師、當代最重要亦最受爭議的哲學家之一，一生共發表超過四十部著作以及數百篇散文。他在人文和社會科學如：人類學、歷史學、語言學、社會語言學、政治理論、女性主義和酷兒研究都有顯著影響。

12 譯註：在歐陸哲學與文學批評中，解構主義是由法國後結構主義哲學家德希達所創立的批評學派。德希達提出了一種他稱之為解構閱讀西方哲學的方法，大體來說，解構閱讀是一種揭露文本結構與其西方形上本質之間差異的文本分析方法。

11 二十世紀哲學的三大潮流 III

1 譯註：李維史陀是著名的法國人類學家，有著「現代人類學之父」的美譽。他所建構的結構主義與神話學不但深深影響人類學，對社會學、哲學和語言學等學科都有深遠影響。

2 譯註：巴舍拉是法國哲學家及思想家，由於對認識論的強調，引入了「認識論障礙」和「認識論決裂」的概念，把科學與哲學以一種前所未見的方式結合在一起，影響了包括傅柯、阿爾都塞和德希達在內的新一代哲學家。

3 譯註：瓜達希為法國哲學家、精神分析師、社會活動家，他發明了「精神分裂分析」和「生態智慧」。因為與德勒茲合作《反伊底帕斯》和《千高原》聞名於世，兩本書成為《資本主義與精神分裂》的兩部分。

4 譯註：李歐塔是當今法國最重要的思想家之一，他不僅促進後現代哲學的形成與發展，且推進文化後現代主義的開展。

5 譯註：《普通語言學教程》（Cours de linguistique générale）是索緒爾死後於1916年出版的，由索緒爾的學生查爾斯巴利和薛施藹基於他們老師1906至1911年在日內瓦大學的講座筆記而編輯的語言學著作。

6 譯註：吉布森是美國心理學家，被認為是二十世紀視知覺領域最重要的心理學家之一。1950年，他發表了經典著作《視覺世界的知覺》，根據自己的實驗，反對當時流行的行為主義觀點。在他後來的著作中，例如《視知覺生態論》，吉布森變得更為哲學化，如同從前批評行為主義一樣地批評認知主義。

7 譯註：巴特是法國文學批評家、文學家、社會學家、哲學家和符號學

家，他的許多著作對於後現代主義，尤其是結構主義、符號學、存在主義、馬克思主義與後結構主義思想產生了很大影響。

8　譯註：薩依德是當今國際上舉足輕重的文學家暨文化、政治批評家，也是當代西方知識界最受爭議的人物之一。1978年他以《東方主義》一書引起矚目，成為後殖民與後現代主義論辯先鋒。薩依德一生著述不輟，焦點廣及政治觀察、文化批評，甚至音樂述評等範疇。

9　譯註：下駄整體為木製，走起路來會有木頭叩叩叩的聲音；雪駄是草鞋的進化型，在腳踩的地方加上獸皮用以防水，以便於雨天或下雪時行走，也會在鞋跟裡層加上金屬，增強耐磨度。因為和「雪駄」的差異而決定「下駄」的意義範圍，其概念隨著擴張「下駄」的範圍而消滅了「雪駄」。就像是玩屁屁相撲遊戲，與其他人之間的力量關係會改變自己的位置。

10　譯註：歐美中心主義又稱西方中心主義，是一種從歐洲的角度來看整個世界的一個隱含信念，自覺或下意識感覺到歐洲對於世界的優越感。歐洲中心主義的巨大影響源自近代西方歷史哲學的強大影響，如進步論、階段論、目的論、普世主義在世界史研究中的盛行和泛濫。

11　譯註：索卡現為倫敦大學學院的數學教授和紐約大學的物理學教授，專業領域為統計力學和組合數學，因為對後現代主義的批評而廣為人知。

12　譯註：堀辰雄是活躍於昭和初期的日本作家，更是日本大正時代短篇小說大師芥川龍之介唯一的弟子。

12 創造人類的構造

1　譯註：林內是瑞典植物學家、動物學家和醫生，瑞典科學院的創始人之一，並且擔任第一任主席。他奠定了現代生物學命名法二名法的基礎，是現代生物分類學之父，也被認為是現代生態學之父之一。

2　譯註：人之死（death of men）是法國思想家傅柯在《事物的秩序》中提出的一個關鍵概念，是指作為某種知識形態和觀念形態的人的死亡，以人為中心的學科的死亡，以康德的人類學為基本配置的哲學的死亡。

3　譯註：米榭勒為法國浪漫主義歷史學家、哲學家及詩人，被譽為「法國史學之父」。

4　譯註：生命權力是指國家透過國家機構來管理該國民的生命、身體、健康、生育等關乎生命的事務。

[5] 譯註：逃逸線是法國哲學家德勒茲經常使用的概念，在後期經典之作《千高原》中，他詳細區分了三種類型的「線」：堅硬線、柔軟線和逃逸線。堅硬線指質量線，透過二元對立所建構僵化的常態，比方說人在堅硬線的控制下，會循規蹈矩地完成人生的各個階段，從小學到大學到拿工資生活到退休；柔軟線指分子線，攪亂了線性和常態，沒有目的和意向；逃逸線完全脫離質量線，由破裂到斷裂，主體則在難以控制的流變多樣中成為碎片，也是我們的解放之線，只有在這條線上我們才會感覺到自由、感覺到人生，但也是最危險之線，因為它們最真實。

13 後現代主義

[1] 譯註：十八世紀以後的西方人有個共同信念，相信人類社會和生活會與時間並進，一代比一代趨於完滿。

[2] 譯註：美國學者弗蘭克出生於德國，是名經濟歷史學家和社會學者，被視為催生出 1960 年代提倡的依賴理論（dependency theory）其中一人。

14 東洋的智慧 I

[1] 譯註：雅斯培是當代德國哲學家暨精神病學家，被視為存在哲學的代表人物，在德國與歐洲享有盛名，對精神病學和哲學皆有很大影響，其著作包括《存在哲學》（Existenzphilosophie）、《時代的精神狀況》（Die Geistige Situation der Zeit）、《歷史的起源與目標》（vom Ursprung und Ziel der Geschichte）等。

[2] 譯註：《奧義書》為古印度哲學文獻的總稱，是廣義的吠陀文獻之一。雖然《奧義書》由吠陀發展而來，經常被理解為婆羅門教與印度教的經典，但《奧義書》並不都是由婆羅門階層所寫，也不都完全反映婆羅門教的觀點。準確的說，《奧義書》是一種哲學論文或對話錄，討論哲學、冥想以及世界的本質。

[3] 譯註：筏馱摩那原名尼乾陀若提子，是著名的古印度宗教思想家、印度列國時代跋耆國人、耆那教的創始者，被教徒尊稱為大雄。他與釋迦牟尼生活在同一個時代，且與釋迦牟尼的生平類似，被佛教歸入六師外道。

[4] 譯註：阿輸柯‧孔雀，常被簡稱為阿育王，是印度孔雀王朝的第三代君主。他是一位佛教徒，也帶來佛教的繁榮，後世稱為佛教護法。

5 譯註：龍樹是佛教僧侶、大乘佛教論師，大約生活在西元二世紀，出生於南印度，在佛教史上具有崇高地位，許多人認為他是釋迦牟尼佛之後大乘佛教最重要的論師，其著作甚多，有「千部論主」的稱譽，其中以《中論》及《大智度論》最為有名。

6 譯註：世親，亦譯天親，音譯婆藪槃豆、伐蘇畔度，佛教四世紀瑜伽行唯識學派論師，生於北印度健馱邏國富婁沙富羅城。

7 譯註：梵天原為古印度的祈禱神，現在被視為印度教的創造之神，與毗濕奴、濕婆並稱三主神。因配偶為智慧女神辯才天女，故梵天也常被認為是智慧之神。

8 譯註：密教指的是祕密大乘佛教，又名金剛乘，是大乘佛教的一個支派，與印度教的怛特羅密教同時，在印度笈多王朝時期興起。印度的這一系教派，在修行方式上有很多不許公開的祕密傳授，並且充滿神祕的內容特徵，因而稱為密教；而相對於密教，之前的佛教流派包括其他的大乘佛教、上座部佛教，則被稱為顯教。

9 譯註：畢宿五為畢宿第五星，是金牛座的主星，距離地球 65 光年。其光譜與光度分類屬於 K5 III 型，呈橙色，在地球上的視星等為 0.86，是夜空中的亮星之一。

15 東洋的智慧 II

1 譯註：三國吳、東晉和南北朝的宋、齊、梁、陳，相繼建都於建康（今南京），史稱為「六朝」。

2 譯註：四端又稱四善端，是孟子思想的一部分。具體來講為「惻隱之心」、「羞惡之心」、「辭讓之心」、「是非之心」，這分別為「仁」、「義」、「禮」、「智」的源頭，所以孟子稱這四個源頭為「四端」。

3 譯註：下村湖人原名虎六郎，原姓內田，是日本的教育家及文學家。以筆名下村湖人聞名於日本學政界的下村虎六郎，除了對日台兩地文學與教育頗有貢獻，最特殊的是他具有自由主義與反戰的思路，二戰期間，他是少數敢批評日本軍國主義的學者，反戰思想散見於《次郎物語》、《論語物語》等。

4 譯註：許行為戰國時期著名農學家、思想家，楚國人，約與孟子同一時代，在《孟子·滕文公上》記載有許行其人「為神農之言」，所以被歸為農家，後世也將許行視為先秦時代農家的代表人物，但因沒有著作流

257

傳，詳細思想內容與其他事蹟皆不可考。

5 　譯註：江戶時代中期的思想家、醫生，其反封建的社會觀主張所有人皆
應平等的生活、從事農業生產。

6 　譯註：公孫龍是東周戰國時期趙國人，曾經做過平原君的門客，是名家
的代表人物，以「白馬非馬」和「離堅白」等論點而著名。

7 　譯註：名家在古代以「辯者」而聞名，其思想包括詮釋「實」與「名」
來闡述觀點，開創了中國的邏輯思想探究。

8 　譯註：鄒衍戰國時期陰陽家學派創始者與代表人物，他是戰國末期齊國
人，漢族先民。主要學說是「五德終始說」和「大九州說」，又是稷下學
宮著名學者，因他「盡言天事」，當時人們稱他「談天衍」，又稱鄒子。

9 　譯註：雜家之所以為雜家，是因為雜家不具有原創思想，以取各家所
長、避各家所短見長。雜家以《呂氏春秋》及《淮南子》為代表作。

10 　譯註：劉安是劉邦之孫、劉長之子，封淮南王，他招門客一同撰寫《鴻
烈》（後世稱《淮南子》）。人民相信，劉安是煉丹「得道成仙」，而且
他沒服完的仙丹被家裏的雞跟狗吃了，造成「一人得道，雞犬升天」，
受到民間信仰。

16 東洋的智慧Ⅲ

1 　譯註：檀家制度是指寺院獨佔檀家（信徒）葬祭供養的執行條件，以此
連結寺院和信徒的關係，得到穩定的地位。

2 　譯註：青木昆陽是江戶時代中期的儒學家、蘭學家，因日本遇到飢荒而
提出種植番薯的對策，寫下《番薯考》。並奉將軍之命學習荷蘭文學，
建立了蘭學發達的基礎。

3 　譯註：西田幾多郎是日本近現代哲學之父，也是京都學派哲學的開創
者，同時還是一位俳人。

4 　譯註：九鬼周造是京都學派哲學家，先後師事新康德派李凱爾特、亨
利‧柏格森、胡塞爾、馬丁‧海德格等哲學家，1930年發表獨自的日本
文化論《「粹」的構造》為其代表作。

5 　譯註：和辻哲郎是日本哲學家、倫理學家、文化史家、日本思想史家，
以《古寺巡禮》、《風土》等著作知名，就讀東京帝國大學哲學系期
間，與谷崎潤一郎、小山內薰等同為《新思潮》同人，其倫理學體系被
稱作和辻倫理學。

6　譯註：聖德太子是日本飛鳥時代皇族，天皇推古朝的改革推行者，母親為欽明天皇皇女，姑姑為推古天皇。本名廄戶，因相傳他於馬房前出生。

7　譯註：最澄是平安時代的僧人、日本天台宗的開創者，他也是著名書法家；空海於唐朝為日本派遣僧，謚號弘法大師，日本佛教僧侶，日本佛教真言宗的開山祖師；最澄與空海是日本佛教的二大巨人。

8　譯註：法然是日本平安時代末期、鎌倉時代初期僧侶，日本淨土宗之開祖，更是淨土真宗開創者親鸞之師。

9　譯註：道元為日本鎌倉時代著名禪師，將曹洞宗禪法引進日本，為日本曹洞宗始祖。

10　譯註：日蓮是日本佛教法師，日蓮宗以他為始祖。

11　譯註：林羅山是日本江戶時代初期的儒學家和哲學家，修習朱子學。自1607年成為德川家康智庫，而後四代將軍的老師。

12　譯註：山崎闇齋為日本江戶時代學者，早年讀四書五經，曾剃髮為僧，後因接觸朱子學而還俗，並以朱子學解釋神道教思想，推動尊皇，他常年致力於宗教思想領域研究，將各種思想加以結合，開館授徒，自成一家。

13　譯註：山鹿素行是江戶時代前期的儒學者和兵學者，古學派始祖。他汲取了中國儒家思想的養分，對日本的武士道精神，進行了全面的闡述，在日本被稱為「國人道德的權威，武士道精神的真諦」。

14　譯註：伊藤仁齋是活躍於江戶時代前期的儒學者、思想家，古義學派始祖，歿後門人稱之為古學先生。

15　譯註：荻生徂徠是日本儒學家，蘐園學派的創立者，被譽為「日本近代政治理論的奠基人」。

16　譯註：契沖是日本江戶時代僧人，國學家和歌人，也是語言學家。思想上主張復古，對古典的註釋研究和古代的歷史假名運用，奠定了近代國學的文獻學方式，著有《萬葉代匠集》。

17　譯註：貝原益軒是日本江戶時代的儒學家和哲學家、博物學家、平民教育家，初學陸王學，後奉朱子學，著有日本最暢銷的養生指南《養生訓》、《慎思錄》、《大和本草》。

18　譯註：平田篤胤維日本江戶時代學者，日本國學四大師之一，長年致力於對日本宗教及思想的研究與創作，著述頗豐，促進了日本相關領域的學術發展。

19 譯註：二宮尊德又稱二宮金次郎，日本江戶時代後期的農政家、思想家。在日本時常能在學校裡看見二宮尊德的銅像，甚至被譽為「全日本最多的銅像」，曾經也是台灣學校中最常見到的雕像。

20 譯註：源信是日本天台宗高僧，著作豐富，其中《一乘要決》因闡揚天台宗義而聞名；《往生要集》則提倡天台念佛與善導的「稱名念佛」，為日本淨土宗經典，他對文學和藝術方面也有許多影響。

21 譯註：荷田春滿通稱齋宮，江戶時代中期的日本國學學者、歌人，與賀茂真淵、本居宣長、平田篤胤三人並稱日本國學的四大師。

22 譯註：出自賀茂真淵的用語，指偏男性且悠然的歌風。相對於古今集之後的歌風「手弱女振」，敘述萬葉集的歌風比較理想。

23 譯註：林鵞峰為林羅山第三子，是日本江戶時代前期儒學學者。出仕江戶幕府，於將軍家光、家綱時代參與幕政。

24 譯註：前野良澤為日本著名的「蘭醫」，也就是西醫。他是江戶時代中期的蘭學家，向青木昆陽學習荷蘭語。

25 譯註：杉田玄白是日本江戶時代中後期的蘭學醫生，也是蘭學之祖。主辦醫學私塾天真樓，曾翻譯《解體新書》，為日本醫學史提供極大的貢獻。

26 譯註：平賀源內為日本江戶時代的博物學者、蘭學者、醫生、作家、發明家、畫家等，擁有許多不同的號：畫號鳩溪、俳號李山、戲作筆名風來山人、淨瑠璃筆名福內鬼外、從事殖產事業時使用天竺浪人、家窮做手工品維生時則自稱貧家錢內等。

27 譯註：高野長英是日本江戶時代末期著名蘭學家，因文章〈夢物語〉批判幕府政策而入獄（蠻社之獄），後趁監獄火災逃獄，被幕府發現後遭圍捕而自盡。

28 譯註：出雲阿國（或稱阿國）是著名女性歌舞伎表演者，同時是公認的歌舞伎創始者。據傳她本是出雲大社的巫女，組織歌舞團至各地行腳，在京都表演後獲得人氣，遂開始發展歌舞伎。

17 哲學的基本問題 I

1 譯註：唐娜‧哈洛威（Donna Jeanne Haraway）是一位科學史學家，也是加州大學聖塔克魯茲分校（University of California at Santa Cruz）「意識歷史委員會」（History of Consciousness Board）的教授，著有《水

晶、纖維和場域：二十世紀發展生物學的有機體論的隱喻》（Crystals,
Fabrics, and Fields: Metaphors of Organicism in Twentieth-Century
Developmental Biology）、《靈長類視線：現代科學世界中的性別、種族
和自然》（Private Visions: Gender, Race, and Nature in the World of Modern
Science）、《猿猴、賽伯格和女人：重新發明自然》（Simians, Cyborgs,
and Women: The Reinvention of Nature）。賽伯格又稱電子人、機械化
人、改造人、生化人，是模控有機體，以無機物構成的機器，作為有機
體身體的一部分，但思考動作均由有機體控制，這樣做的目的通常是藉
由人工科技來增加或強化生物體的能力。

18 哲學的基本問題 II

1. 譯註：亞當‧斯密（Adam Smith）是蘇格蘭哲學家和經濟學家，他所著
的《國富論》成為了第一本試圖闡述歐洲產業和商業發展歷史的著作。
這本書發展出現代的經濟學學科，也提供了現代自由貿易、資本主義和
自由意志主義的理論基礎。

2. 譯註：傷害原則（Harm principle）是指僅當為了阻止傷害造成，我們才
能違反人的意願去限制人的自由。根據傷害原則，所有禁令、限制和懲
罰，都必須是為了避免傷害，否則就不合理。

3. 譯註：淨化作用（Catharsis）是一種利用音樂與藝術來純潔心裡，撫平
悲傷的方式，由亞里斯多德提出。在音樂與藝術中，讓傷感與恐懼得到
釋放，而後重新恢復正常心理。

4. 譯註：魯本斯是法蘭德斯派畫家、版畫家，也是巴洛克畫派早期的代表人
物。他擅長神話、歷史、宗教及風俗畫，同時也精於肖像畫及風景畫。

5. 譯註：米洛的維納斯又稱斷臂維納斯，是一座著名的古希臘雕像。這座
雕像創作於西元前130到100年之間，表現的是希臘神話中愛與美的女
神阿佛洛狄忒。

6. 譯註：「百濟觀音」的通稱來自近代，明治初期前寺內稱之為「虛空藏
菩薩像」，現存於法隆寺裡的百濟觀音堂。從虛空藏菩薩改為百濟觀音
菩薩的原因，是菩薩台座刻有佛像名稱。

7. 譯註：包姆加登是德國哲學家、美學的開創者，曾任法蘭克福哲學教
授，首創美學之名。認為美是存在於自然界之知的原素，又謂美與圓滿
的內容相一致。

譯註：馬塞爾・杜象是美籍法裔畫家、雕塑家、西洋棋玩家與作家，不僅是二十世紀實驗藝術的先驅，更是改變現代藝術發展最重要的巨擘，被譽為「現代藝術的守護神」。其作品對於第二次世界大戰前的西方藝術有著重要影響，達達主義及超現實主義的代表人物之一。

19 日常中的哲學

1 譯註：霍布斯邦是英國著名的左派史家，自青年時期加入共產黨後，就是共產黨內的活躍分子，更創辦著名的新左史學期刊《過去與現在》。他在勞工運動、農民叛變和世界史範疇中的研究成果，堪居當代史家的頂尖之流，影響學界甚巨；而其宏觀通暢的寫作風格，更將敘述史學的魅力擴及一般閱聽大眾。

2 譯註：班納迪克・安德森（Benedict Richard O'Gorman Anderson）為全球知名的東南亞研究學者，專門研究民族主義和國際關係。著有《想像的共同體》（Imagined Communities: Reflections on the Origin and Spread of Nationalism），提出民族是想像的共同體。

3 譯註：馬克思主義中指資本和市場經濟為下層建築（Unterbau）。

4 譯註：愛里亞斯為猶太裔德國社會學家，社會學大師。他在1939年出版的《文明的進程》是社會學經典著作；1977年成為代表著高度學術成就榮譽的阿多諾獎第一屆得主；1987年再度憑藉《個體的社會》獲得歐洲阿瑪菲社會科學獎。

5 譯註：拉威爾是法國作曲家和鋼琴家，1937年在巴黎逝世時，已經是法國樂壇中與克勞德・德布西齊名的印象樂派作曲家。他的音樂以纖細、豐富的情感和尖銳著稱，同時被認為是二十世紀的主要作曲家之一。

20 西洋哲學史概論與複習

1 譯註：普世主義是哲學上的一個分支，它強調普遍的事實能夠被發現且被理解。在倫理上，普世性是指能夠應用在所有人身上的價值觀或事物，這種思想存在於許多宗教或哲學體系之中。

2 譯註：懷海德是歷程哲學學派的奠基者，目前已被視為可應用到多種學科，包括生態學、神學、教育學、物理學、生物學、經濟學、心理學及其他領域。在他的職業生涯早期主要研究數學、邏輯和物理，而他最引人注目的是與伯特蘭・羅素合著的《數學原理》。

3 譯註：波普爾獲譽為二十世紀最偉大的哲學家之一，美國哲學家巴特利稱其哲學為「哲學史上第一個非證成批判主義哲學」，在社會學亦有建樹。

4 譯註：日文同樣使用騙（だます）這個字。

主要哲學家的個人檔案

1 譯註：荷爾德林是德國浪漫派詩人，他將古典希臘詩文移植到德語中。其作品在二十世紀才被重視，被認為是世界文學領域裡最偉大的詩人之一。

2 譯註：波以耳是愛爾蘭自然哲學家，在化學和物理學研究上都有傑出貢獻。雖然他的化學研究帶有鍊金術色彩，但他的《懷疑派的化學家》一書仍然被視作化學史上的里程碑。

3 譯註：惠更斯是荷蘭物理學家、天文學家和數學家，土衛六的發現者。他還發現了獵戶座大星雲和土星光環，惠更斯一生研究成果豐富，在多個領域都有所建樹，許多重要著作是在他逝世後才發表的。

4 譯註：恩格斯是德國社會主義哲學家，國際無產階級的領袖，與馬克思同為近代共產主義的奠基者，共同參加國際工人協會（即第一國際）的領導工作，重要著作有《共產黨宣言》、《反杜林論》、《自然辯證法》等。

5 譯註：洛克為英國經驗主義的代表人物。

6 譯註：齊澤克是斯洛維尼亞社會學家、哲學家與文化批判家，也是心理分析理論家，目前是歐美相當有名的後拉岡心理分析學者之一，左翼學者。

7 譯註：中江兆民是日本明治時期的唯物主義、無神論哲學家，也是日本著名的自由民權運動理論家、偉大的民主主義革命家，號稱「東洋的盧梭」。他生活在十九世紀中後期，此時也是日本歷史急劇變革的明治維新時期，因此其思想理論的形成和發展既受西方歐美文化的影響，又有傳統東方文化為基礎，特別是中華文化的薰陶，具有東西方文化相融合的特點。

BO0289

10小時速成！圖解大學四年哲學課

原　書　名／大学4年間の哲学が10時間でざっと学べる
作　　　者／貫 成人
譯　　　者／高菱珞
審　　　訂／苑舉正
責 任 編 輯／簡伯儒
版　　　權／翁靜如
行 銷 業 務／王瑜、周佑潔

總　編　輯／陳美靜
總　經　理／彭之琬
發　行　人／何飛鵬
法 律 顧 問／元禾法律事務所 王子文律師
出　　　版／商周出版
　　　　　　臺北市104民生東路二段141號9樓
　　　　　　電話：(02) 2500-7008　傳真：(02) 2500-7759
　　　　　　E-mail: bwp.service @ cite.com.tw
發　　　行／英屬蓋曼群島商家庭傳媒股份有限公司　城邦分公司
　　　　　　臺北市104民生東路二段141號2樓
　　　　　　讀者服務專線：0800-020-299　24小時傳真服務：(02) 2517-0999
　　　　　　讀者服務信箱E-mail: cs@cite.com.tw
　　　　　　劃撥帳號：19833503　戶名：英屬蓋曼群島商家庭傳媒股份有限公司城邦分公司
訂 購 服 務／書虫股份有限公司客服專線：(02) 2500-7718；2500-7719
　　　　　　服務時間：週一至週五上午09:30-12:00；下午13:30-17:00
　　　　　　24小時傳真專線：(02) 2500-1990；2500-1991
　　　　　　劃撥帳號：19863813　戶名：書虫股份有限公司
　　　　　　E-mail: service@readingclub.com.tw
香港發行所／城邦（香港）出版集團有限公司
　　　　　　香港灣仔駱克道193號東超商業中心1樓
　　　　　　E-mail: hkcite@biznetvigator.com
　　　　　　電話：(852) 25086231　傳真：(852) 25789337
馬新發行所／城邦（馬新）出版集團
　　　　　　Cite (M) Sdn. Bhd.
　　　　　　41, Jalan Radin Anum, Bandar Baru Sri Petaling, 57000 Kuala Lumpur, Malaysia.
　　　　　　電話：(603) 9057-8822　傳真：(603) 9057-6622　E-mail: cite@cite.com.my

封面設計／黃聖文
印　　刷／韋懋實業有限公司
經 銷 商／聯合發行股份有限公司　電話：(02) 2917-8022　傳真：(02) 2911-0053
　　　　　地址：新北市新店區寶橋路235巷6弄6號2樓

■2018年（民107）7月初版　　　　　　　　　　　Printed in Taiwan
■2023年（民112）6月初版2.6刷

DAIGAKU 4NENKAN NO TETSUGAKU GA 10JIKAN DE ZATTO MANABERU
© 2016 Shigeto Nuki
First published in Japan in 2016 by KADOKAWA CORPORATION, Tokyo.
Complex Chinese translation rights arranged with KADOKAWA CORPORATION, Tokyo.

國家圖書館出版品預行編目（CIP）資料

10小時速成！圖解大學四年哲學課／貫 成人著；
高菱珞譯.--初版.--臺北市：商周出版：家庭傳
媒城邦分公司發行, 民107.07
　面；　公分
譯自：大学4年間の哲学が10時間でざっと学べる
ISBN 978-986-477-502-6（平裝）

1. 哲學

100　　　　　　　　　　　　　　107010713

定價320元　　　　　　　版權所有・翻印必究
ISBN 978-986-477-502-6

城邦讀書花園
www.cite.com.tw